AF203605

Einstern

leicht gemacht

3

Themenheft 1

- Die Zahlen bis 1 000
- Addition und Subtraktion im Zahlenraum bis 1 000
- Achsensymmetrie

Erarbeitet von Roland Bauer und Jutta Maurach

In Zusammenarbeit mit der Redaktion Mathematik Grundschule

Cornelsen

Inhaltsverzeichnis

Lernportion 1 Die Zahlen bis 1000

Zahlen finden und verstehen 4
Bündelungen als Zählhilfe benutzen 5
Einer, Zehner, Hunderter und Tausender kennenlernen 6
Zahlen bilden und in der Stellentafel notieren 7
Bilder und Zahlen zuordnen 8
Zahlen zusammensetzen 9
Zahlen in der Stellentafel darstellen 10
Zahlen in der Stellentafel darstellen und verändern 11
Schätzen und Schätzhilfen benutzen 12
Zahlen lesen und schreiben 13

Lernportion 2 Zahlen vergleichen und ordnen

Die Tausendertafel kennenlernen 14
Zahlen in Hundertertafeln bestimmen 16
Knobelaufgaben und Zahlenrätsel zur Tausendertafel lösen 17
Zahlen am Zahlenstrahl ablesen 18
Nachbarzehner und Nachbarhunderter am Zahlenstrahl bestimmen 19
Nachbarzahlen bestimmen 20
Zahlen vergleichen und ordnen 21
Zahlenfolgen vorwärts und rückwärts fortsetzen 22
Besondere Zahlenfolgen erkennen und fortsetzen 23
Knobelaufgaben lösen 24

Lernportion 3 Plus- und Minusaufgaben ohne Hunderterüberschreitung

Plus- und Minusaufgaben bis 100 wiederholen und üben 25
Plusaufgaben mit Hundertern legen, zeichnen und lösen 26
Plusaufgaben mit Hundertern und Zehnern
mithilfe verwandter Aufgaben lösen 27
Plusaufgaben mit Hundertern und Zehnern in Schritten lösen 28
Plusaufgaben mit Zehnern und Einern in Schritten lösen 29
Minusaufgaben mit Hundertern legen, zeichnen und lösen 30
Minusaufgaben mit Hundertern und Zehnern
mithilfe verwandter Aufgaben lösen 31
Minusaufgaben mit Hundertern und Zehnern in Schritten lösen 32
Minusaufgaben mit Zehnern und Einern in Schritten lösen 33
Plus- und Minusaufgaben üben 34
Plus- und Minusaufgaben lösen 35
Sachaufgaben lösen 36
Informationen verarbeiten 37

Lernportion 4 Achsensymmetrie

Falten und schneiden 38
Mit dem Doppelspiegel entdecken 39
Achsensymmetrie erkennen und begründen 40
Symmetrieachsen einzeichnen 41
Spiegelbilder ergänzen (1) 42
Spiegelbilder ergänzen (2) 43

Lernportion 5 Plusaufgaben mit Hunderterüberschreitung

Plusaufgaben mit Einern lösen 44
Plusaufgaben mit Zehnern und Einern lösen 45
Plusaufgaben mit Hundertern und Zehnern in Schritten lösen 46
Plusaufgaben mit Hundertern, Zehnern und Einern in Schritten lösen . . 47
Plusaufgaben mit dem eigenen Rechenweg lösen 48
Den eigenen Rechenweg bei Plusaufgaben anwenden 49

Lernportion 6 Minusaufgaben mit Hunderterüberschreitung

Minusaufgaben mit Einern lösen 50
Minusaufgaben mit Zehnern und Einern lösen 51
Minusaufgaben mit Hundertern und Zehnern in Schritten lösen 52
Minusaufgaben mit Hundertern, Zehnern und Einern in Schritten lösen . . 53
Minusaufgaben mit dem eigenen Rechenweg lösen 54
Den eigenen Rechenweg bei Minusaufgaben anwenden 55

Lernportion 7 Plus- und Minusaufgaben mit Hunderterüberschreitung

Mit der Umkehraufgabe Ergebnisse kontrollieren 56
Platzhalteraufgaben lösen 57
Rechenvorteile anwenden – geschickt rechnen mit Hundertern 58
Rechenvorteile anwenden – geschickt rechnen mit Zehnern 59
Plus- und Minusaufgaben üben 60
Fachbegriffe verstehen 61
Zahlenrätsel lösen und schreiben 62

1 Besprich mit einem anderen Kind, was diese Zahlen bedeuten.

2 Suche große Zahlen.

a) Suche in deiner Umgebung, in Katalogen, Zeitungen oder im Internet weitere Abbildungen mit großen Zahlen. Du kannst auch fotografieren.
Besprich mit einem anderen Kind, was die Zahlen bedeuten.

b) Zeichne oder klebe die Bilder in dein Heft.
Du kannst auch mit anderen Kindern ein Plakat gestalten.

Seite 4 Aufgabe 2
b) ...

★ unterschiedliche Bedeutung von großen Zahlen erkennen
★ SF: Beispiele für große Zahlen im Alltag finden und präsentieren
★ MK: unterschiedliche Medien nutzen, Plakat gestalten

1 Bündelungen als Zählhilfe benutzen

1 Finde heraus, wie die Bäuerin die Eier verschickt.

a)

In einer Kiste sind ☐ Eierkartons.

In einer Kiste sind ☐ Eier.

b)

Auf einer Palette sind ☐ Kisten.

Auf einer Palette sind ☐ Eierkartons.

Auf einer Palette sind ☐ Eier.

c) Tausche dich mit einem anderen Kind aus, wie man die Anzahl der Eier auf der Palette bestimmen kann.

2 Bestimme jeweils die Anzahl der Kisten, Eierkartons und Eier.

		Kisten	Kartons	Eier
a)			4	
b)				
c)	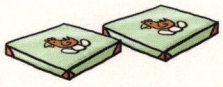			
d)				
e)				

1 Einer, Zehner, Hunderter und Tausender kennenlernen

1 Würfel	1 Stange	1 Platte	1 Block
1 Einer	1 Zehner	1 Hunderter	1 Tausender

1 Betrachte den Zusammenhang zwischen Würfel, Stange, Platte und Block.

a) Ein Block hat ☐ Platten.

b) Eine Platte hat ☐ Stangen.
Ein Block hat ☐ Stangen.

c) Eine Stange hat ☐ Würfel.
Eine Platte hat ☐ Würfel.
Ein Block hat ☐ Würfel.

2 Was fällt dir bei den Ergebnissen von Aufgabe 1 auf?
Sprich mit einem anderen Kind darüber.

3 Bestimme die Anzahl der kleinen Würfel.

a)

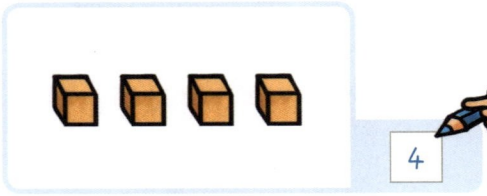

4

b)

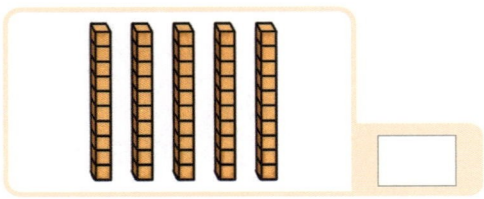

c)

★ Struktur des Zehnersystems erkennen und nutzen
★ Erkenntnisse bei der Bestimmung der Anzahl von Einzelwürfeln nutzen und übertragen

1 Zahlen bilden und in der Stellentafel notieren

1 Lege mit Hundertern, Zehnern und Einern eine Zahl.
Ein anderes Kind bestimmt die Zahl und notiert sie in der Stellentafel.
Wechselt die Rollen.

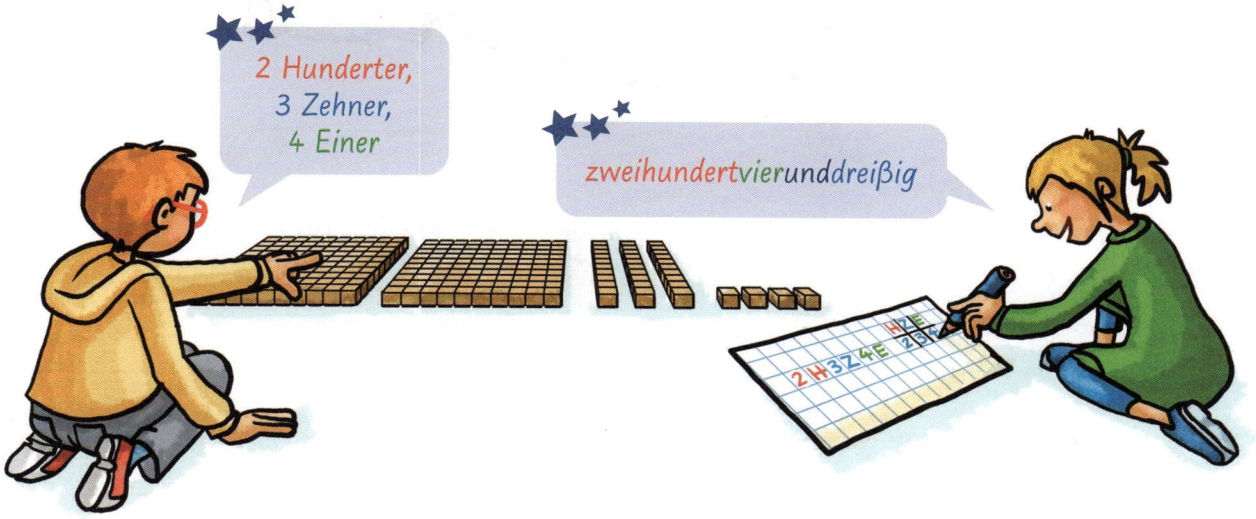

2 Bestimme für jedes Bild die Anzahl der Hunderter, Zehner und Einer.
Übertrage deine Ergebnisse in eine Stellentafel.

a)

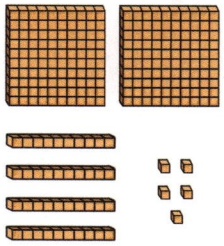

2 Hunderter
4 Zehner
5 Einer

H	Z	E

b)

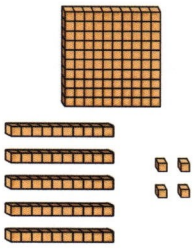

☐ Hunderter
☐ Zehner
☐ Einer

H	Z	E

c)

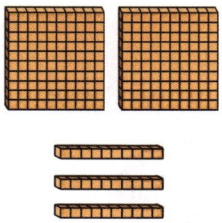

☐ Hunderter
☐ Zehner
☐ Einer

H	Z	E

d)

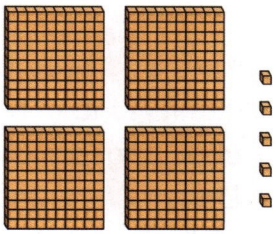

☐ Hunderter
☐ Zehner
☐ Einer

H	Z	E

★ SF: Zahlen mit Hundertern, Zehnern und Einern legen, notieren und benennen
★ bildlich dargestellte dreistellige Zahlen in Stellenschreibweise und in der Stellentafel notieren

1 Bilder und Zahlen zuordnen

1 Bestimme für jedes Bild die Anzahl der Hunderter, Zehner und Einer. Verbinde Zahlenbild, Stellentafel und Zahl.

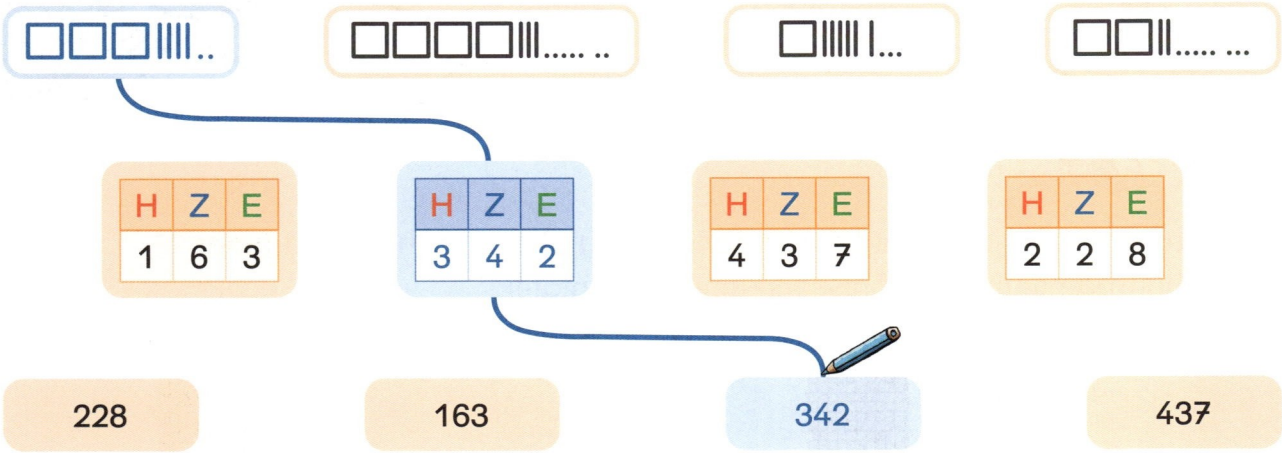

2 Zeichne die passenden Bilder.

a)

H	Z	E
1	3	5

135

b)

H	Z	E
2	3	6

236

c)

H	Z	E
3	2	4

324

3 Blitzgucken: Suche dir ein anderes Kind. Lege verdeckt eine Zahl mit Hundertern, Zehnern und Einern und zeige sie dann. Zähle dabei langsam bis drei und verdecke sie wieder. Das andere Kind nennt die gelegte Zahl. Wechselt die Rollen.

4 Überlege mit einem anderen Kind, wie ihr die Zahlen bei Aufgabe 3 legen müsst, damit ihr sie schnell erkennen könnt.

✶ bildlich dargestellte dreistellige Zahlen mit passender Stellentafel und Zahl verbinden
✶ in der Stellentafel und als Zahl vorgegebene Zahlen bildlich darstellen ✶ bei einer mit Mehrsystemmaterial gelegten Zahl einzelne Stellen erkennen und Zahl benennen

1 Suche dir ein anderes Kind.
Ein Kind gibt die Anzahl der Hunderter, Zehner und Einer vor.
Das andere Kind legt die Zahl und nennt sie.
Wechselt auch die Rollen.

2 Erkenne in jedem Bild die Anzahl der Hunderter, Zehner und Einer.
Schreibe die Plusaufgabe dazu.

a) □□||||....
2H 5Z 4E
200 + 50 + 4 = 254

b) □□□||||.....
3H 4Z 6E
___ + ___ + ___ = ___

c) □□□□|||
4H 3Z
___ + ___ = ___

d) □□□□□....
5H 4E
___ + ___ = ___

3 Übertrage die Zahldarstellungen in Plusaufgaben.

a) 4H 7Z 3E
400 + 70 + 3 = 473

b) 7H 2Z 4E
___ + ___ + ___ = ___

c) 3H 8Z
___ + ___ = ___

d) 9H 2E
___ + ___ = ___

4 Stelle die Zahlen als Plusaufgabe dar.

a) 821
800 + 20 + 1 = 821

b) 658
___ + ___ + ___ = ___

c) 540
___ + ___ = ___

d) 903
___ + ___ = ___

★ **SF:** Zahlen nach Angabe der Stellenwerte legen und benennen
★ in bildlichen Zahldarstellungen Stellenwerte erkennen und in Additionsaufgaben übertragen ★ Stellenwerte und dreistellige Zahlen in Additionsaufgaben übertragen

1 Zahlen in der Stellentafel darstellen

Ich habe die Zahl 462 mit Plättchen in der Stellentafel gelegt.

1 Schreibe die dargestellten Zahlen auf.

a) 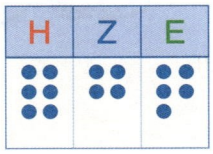

645

b) 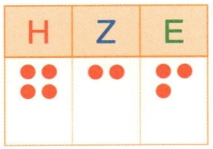

c) 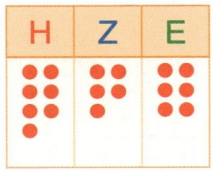

d) 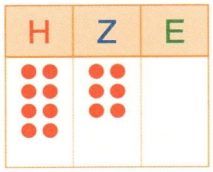

2 Zeichne, wie du die Zahlen mit Plättchen darstellst.

a) 341

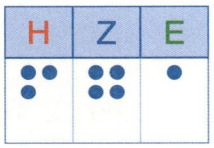

b) 517

c) 221

d) 402

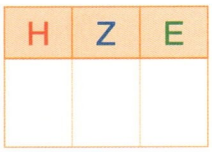

3 Wähle und notiere weitere Zahlen.
Zeichne, wie du deine Zahlen mit Plättchen darstellst.

a) 

b)

★ mit Plättchen in der Stellentafel dargestellte Zahlen erkennen und notieren
★ Zahlen mit Plättchen in der Stellentafel darstellen

1 Zahlen in der Stellentafel darstellen und verändern

1 Verändere die Zahl 457.
Zeichne und schreibe auf, welche Zahlen entstehen.

a) Zeichne in jeder Stellentafel immer an einer anderen Stelle ein Plättchen dazu.

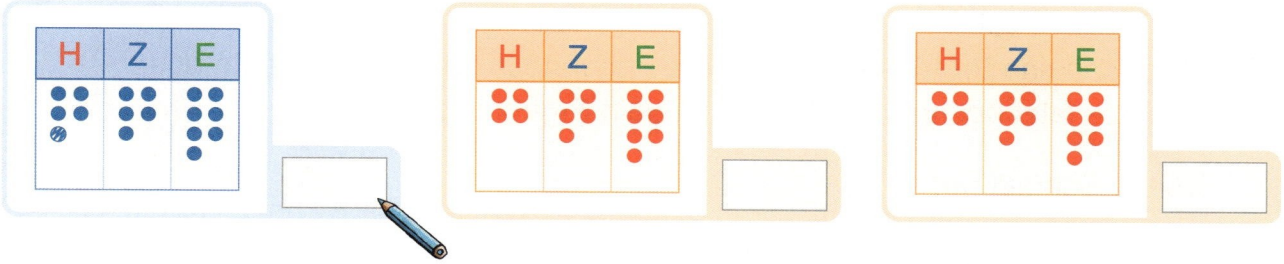

b) Streiche in jeder Stellentafel immer an einer anderen Stelle ein Plättchen weg.

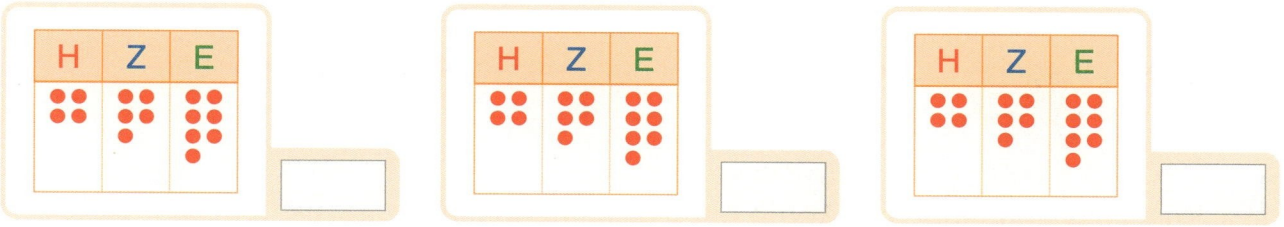

2 Notiere die dargestellte Zahl.
Schreibe auf, welche Zahl daraus jeweils entsteht.

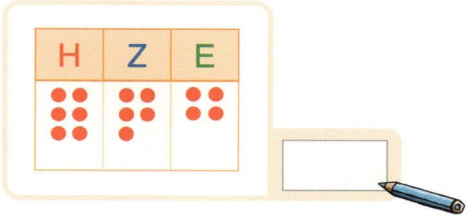

Ich nehme in der Hunderterspalte zwei Plättchen weg.

Ich lege in der Zehnerspalte zwei Plättchen dazu.

Ich verschiebe ein Plättchen aus der Einerspalte in die Hunderterspalte.

Ich verschiebe zwei Plättchen aus der Zehnerspalte in die Einerspalte.

★ in der Stellentafel mit Plättchen dargestellte Zahlen nach Vorgabe verändern

1 Wie viele Steckwürfel passen in deine Brotdose?

a) Schätze und schreibe dein Ergebnis auf.

erste Schätzung: ☐

b) Reinige deine Brotdose und lege die Bodenfläche mit Steckwürfeln aus.
Schätze jetzt nochmal und schreibe dein Ergebnis auf.

zweite Schätzung: ☐

c) Fülle die Dose ganz mit Steckwürfeln. Zähle sie dabei.

genaue Zahl: ☐

d) Dieses Vorgehen kannst du auch mit anderen Gegenständen erproben.

2 Wie viele Sonnenblumenkerne hat die Sonnenblume?
Schätze und schreibe dein Ergebnis auf.
Beachte dabei Einsterns Hinweis.

Ich schätze: ☐ Kerne.

3 Wie viele Perlen passen etwa in den Glasbehälter?
Schätze und schreibe dein Ergebnis auf.

Ich schätze: ☐ Perlen.

4 Vergleiche deine Vorgehensweise bei den Aufgaben 2 und 3
mit der Vorgehensweise eines anderen Kindes. Begründe dein Vorgehen.

★ Anzahlen schätzen und bestimmen
★ SF: Strategien beim Schätzen entwickeln und vergleichen

1 Zahlen lesen und schreiben

300
40
5

Dreihundert und vierzig und fünf sind dreihundertfünfundvierzig.

345

einhundert | zweihundert | dreihundert | vierhundert | fünfhundert
sechshundert | siebenhundert | achthundert | neunhundert
zehn | zwanzig | dreißig | vierzig | fünfzig
sechzig | siebzig | achtzig | neunzig
eins | zwei | drei | vier | fünf | sechs | sieben | acht | neun

1 Verbinde Zahl und Zahlwort.

463	neunhundertfünfzig	671	fünfhundertacht
837	vierhundertdreiundsechzig	508	einhundertvierundneunzig
950	achthundertsiebenunddreißig	194	sechshunderteinundsiebzig

2 Schreibe die Zahlwörter als Zahlen.

a) fünfhundertsechsundzwanzig *526*
b) vierhundertzweiunddreißig ____
c) zweihundertvier ____
d) dreihundertneunzig ____
e) siebenhundertsiebenundvierzig ____
f) achthundertfünfundsechzig ____

3 Schreibe die Zahlen als Zahlwörter.
Bitte ein anderes Kind, die Zahlwörter zu kontrollieren.

a) 234 *zweihundertvierunddreißig*
b) 520 ____
c) 601 ____

★ **SF:** Sprech- und Schreibweise von dreistelligen Zahlen bewusst machen und anwenden

2 Die Tausendertafel kennenlernen

1	2	3	4	5	6	7	8	9	10
11	12	13	14	15	16	17	18	19	20
21	22	23	24	25	26	27	28	29	30
31	32	33	34	35	36	37	38	39	40
41	42	43	44	45	46	47	48	49	50
51	52	53	54	55	56	57	58	59	60
61	62	63	64	65	66	67	68	69	70
71	72	73	74	75	76	77	78	79	80
81	82	83	84	85	86	87	88	89	90
91	92	93	94	95	96	97	98	99	100

101	102	103	104	105	106	107	108	109	110
131	132	133	134	135	136	137	138	139	140
151	152	153	154	155	156	157	158	159	160
191	192	193	194	195	196	197	198	199	200

201			205			208	2
211			215			218	2
221			225			228	2
231			235			238	2
241			245			248	2
251			255			258	2
261			265			268	2
271			275			278	2
281			285			288	2
291			295			298	3

501	502	503	504	505	506	507	508	509	510
511	512	513	514	515	516	517	518	519	520
521	522	523	524	525	526	527	528	529	530
531	532	533	534	535	536	537	538	539	540
541	542	543	544	545	546	547	548	549	550
551	552	553	554	555	556	557	558	559	560
561	562	563	564	565	566	567	568	569	570
571	572	573	574	575	576	577	578	579	580
581	582	583	584	585	586	587	588	589	590
591	592	593	594	595	596	597	598	599	600

601	602	603	604	605	606	607	608	609	610
631	632	633	634	635	636	637	638	639	640
651	652	653	654	655	656	657	658	659	660
691	692	693	694	695	696	697	698	699	700

701			705			708	7
711			715			718	7
721			725			728	7
731			735			738	7
741			745			748	7
751			755			758	7
761			765			768	7
771			775			778	7
781			785			788	7
791			795			798	8

1 Suche die Zahlen in der Tausendertafel oben und unterstreiche sie.

a) Markiere alle Hunderterzahlen rot.

b) Markiere alle Zahlen, die in der Zeile rechts neben 101 stehen, gelb.

c) Markiere alle Zahlen, die in der Zeile links neben 610 stehen, gelb.

d) Markiere alle Zahlen, die in der Spalte unter 205 stehen, blau.

e) Markiere alle Zahlen, die in der Spalte über 795 stehen, blau.

2 Schau dir an, wie die einzelnen Zahlen in der Tausendertafel angeordnet sind.

Betrachte
- die einzelnen Zeilen,
- die einzelnen Spalten,
- die einzelnen Hundertertafeln.

Sprich mit einem anderen Kind darüber, was dir auffällt.

★ Aufbau und Struktur der Tausendertafel verstehen und nutzen
★ SF: Aufbau und Struktur der Tausendertafel beschreiben

1									310
	312							319	
		323					328		
			334			337			
				345	346				
				355	356				
			364			367			
		373					378		
	382							389	
1									400

401									410
491									500

1									810
	812							819	
		823					828		
			834			837			
				845	846				
				855	856				
			864			867			
		873					878		
	882							889	
1									900

901									910
991									1000

3 Bestimme die Zahlen und schreibe sie auf.

a) Direkt unter 312 steht 322 .

b) Direkt über 828 steht ____ .

c) Direkt rechts von 491 steht ____ .

d) Direkt links von 910 steht ____ .

e) An der gleichen Stelle wie 873 steht in der Hundertertafel rechts daneben ____ .

f) An der gleichen Stelle wie 500 steht in der Hundertertafel links daneben ____ .

4 Stelle einem anderen Kind Fragen zur Tausendertafel. Wechselt die Rollen.

★ Aufbau und Struktur der Tausendertafel verstehen und nutzen
★ SF: Fragen zur Tausendertafel formulieren

2 Zahlen in Hundertertafeln bestimmen

1 Bestimme die Zahlen, an deren Stellen Zeichen stehen.

401	402	403	404	405	406	407	408	409	410
▲	412								
▲		■	■	■	■	427			
▲									440
▲							448		
				455					
	462				■	■	■	■	▲
								479	▲
			484						▲
							498		▲

■ 423, _____

■ _____

▲ _____

▲ _____

2 Bestimme die Zahlen, an deren Stellen Buchstaben stehen.

	A								
									B
	722		C					729	
		D							
E			744	745	746	747			
	F		754	755	756	757			G
						H			
	772							779	
				I					
								J	

A	702	B	
C		D	
E		F	
G		H	
I		J	

★ Kenntnisse über Aufbau und Struktur der Tausendertafel beim Bestimmen einzelner Zahlen anwenden

2 Knobelaufgaben und Zahlenrätsel zur Tausendertafel lösen

501	502	503	504	505	506	507	508	509	510
511	512	513	514	515	516	517	518	519	520
521	522	523	524	525	526	527	528	529	530
531	532	533	534	535	536	537	538	539	540
541	542	543	544	545	546	547	548	549	550
551	552	553	554	555	556	557	558	559	560
561	562	563	564	565	566	567	568	569	570
571	572	573	574	575	576	577	578	579	580
581	582	583	584	585	586	587	588	589	590
591	592	593	594	595	596	597	598	599	600

1 Suche die Zahlen in der abgebildeten Hundertertafel und schreibe sie auf.

a) alle Zahlen, die 3 Einer haben

503, 513,

b) alle Zahlen, die 5 Zehner haben

2 Bestimme die Anzahlen und schreibe sie auf.
Du kannst auch auf die Seiten 14 und 15 schauen.

a) Anzahl von Zahlen mit 8 Zehnern in einer Hundertertafel

b) Anzahl von Zahlen mit 8 Zehnern in der Tausendertafel

c) Anzahl von Zahlen mit 6 Einern in einer Hundertertafel

d) Anzahl von Zahlen mit 6 Einern in der Tausendertafel

3 Löse die Zahlenrätsel.

Bei meinen Zahlen sind Hunderter, Zehner und Einer jeweils gleich.

Meine Zahlen haben 7 Hunderter, 3 Einer und jeweils unterschiedliche Zehnerzahlen.

★ Kenntnisse über Aufbau und Struktur der Tausendertafel beim Bestimmen von Zahlen mit vorgegebenen Eigenschaften nutzen ★ Kenntnisse über Aufbau und Struktur der Tausendertafel beim Lösen von Zahlenrätseln nutzen

2 Zahlen am Zahlenstrahl ablesen

1 Trage die markierten Zahlen ein.

a) 70 — 70 80 90 100 110 120 130 140 150 160 170

b) 350 360 370 380 390 400 410 420 430 440 450

c) 900 950 1000

d) 500 550 600

2 Überlege, welche Zahlen markiert sind. Trage sie ein.

a) 330 340

b) 670 680

c) 860 870

d) 550 560

e) 790 800

f) 990 1000

- Zahlen am Zahlenstrahl ablesen
- Zehner- und Fünfermarkierungen verstehen und nutzen
- am Zahlenstrich dargestellte Zahlen ermitteln

2 Nachbarzehner und Nachbarhunderter am Zahlenstrahl bestimmen

1 Trage die Nachbarzehner ein.

a) 345 — 340 | 350

b) 767 — ☐ | ☐

c) 348 — ☐ | ☐

d) 401 — ☐ | ☐

e) 996 — ☐ | ☐

f) 86 — ☐ | ☐

★★★ *340 und 350 sind die **Nachbarzehner** von 345.*

★★★ *300 und 400 sind die **Nachbarhunderter** von 345.*

2 Trage die Nachbarhunderter ein.

a) 345 — 300 | 400

b) 667 — ☐ | ☐

c) 832 — ☐ | ☐

d) 587 — ☐ | ☐

e) 754 — ☐ | ☐

★ Nachbarzehner und Nachbarhunderter an Zahlenstrahlausschnitten ablesen

2 Nachbarzahlen bestimmen

1 Suche dir ein anderes Kind.
Schreibt abwechselnd Zahlen zwischen 100 und 1000 auf.
Ein Kind nennt zu jeder Zahl Vorgänger, Nachfolger und die Nachbarzehner.
Das andere Kind nennt die Nachbarhunderter.
Wechselt euch ab.

★★★ *Vorgänger und Nachfolger sind 237 und 239. Die Nachbarzehner sind 230 und 240.*

★★★ *Die Nachbarhunderter sind 200 und 300.*

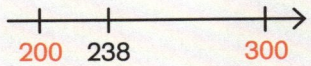

226	227	228	229	230
236	237	238	239	240
246	247	248	249	250

2 Bestimme Vorgänger und Nachfolger.

a)	436	437		b)		578		c)		704	
d)		289		e)		399		f)		800	

3 Bestimme die Nachbarzehner.

a)	630	635		b)		758		c)		371	
d)		246		e)		803		f)		499	

4 Bestimme die Nachbarhunderter.

a)	300	376		b)		192		c)		654	
d)		589		e)		875		f)		245	

★ Vorgänger, Nachfolger, Nachbarzehner und Nachbarhunderter bestimmen

1 Suche dir ein anderes Kind.
Schreibt beide eine dreistellige Zahl auf einen Zettel.
Vergleicht die Zahlen.
Verwendet die Zeichen <, > und =.

2 Setze die Zeichen <, > oder = passend ein.

a) 458 < 758
399 ◯ 299
873 ◯ 973

b) 417 ◯ 417
732 ◯ 724
645 ◯ 654

c) 203 ◯ 302
542 ◯ 524
123 ◯ 213

3 Setze passende Zahlen ein.

a) 903 < ☐
742 < ☐
237 < ☐

b) 148 > ☐
802 > ☐
586 > ☐

c) 452 = ☐
635 = ☐
69 = ☐

4 Setze passende Zahlen ein. Finde drei verschiedene Lösungen.

a) 512 < ☐
512 < ☐
512 < ☐

b) 148 > ☐
148 > ☐
148 > ☐

c) 791 > ☐
791 > ☐
791 > ☐

5 Ordne die Zahlen der Größe nach.

a) Beginne mit der kleinsten Zahl.

312 ~~203~~ 302 321

203 < ☐ < ☐ < ☐

b) Beginne mit der größten Zahl.

443 487 ~~490~~ 478

490 > ☐ > ☐ > ☐

2 Zahlenfolgen vorwärts und rückwärts fortsetzen

1 Suche dir ein anderes Kind. Wählt eine Zahl zwischen 100 und 1 000 aus. Bestimmt, wie ihr zählen wollt: vorwärts oder rückwärts, in Einer-, Zehner- oder Hunderterschritten. Zählt abwechselnd. Wählt dann eine neue Startzahl.

2 Setze die Zahlenfolgen fort. Zähle vorwärts.

a)	294	295	296	297						303
b)	736	746	756							826
c)	97	197	297							997

3 Setze die Zahlenfolgen fort. Zähle rückwärts.

a)	406	405	404							397
b)	542	532	522							452
c)	903	803	703							3

4 Ergänze die Zahlenfolgen.

a)				597	598	599				
b)				719	729	739				
c)				311	411	511				

★ Zahlenfolgen mit verschiedenen Schrittfolgen vorwärts und rückwärts bilden
★ Zahlenfolgen mit verschiedenen Schrittfolgen vorwärts und rückwärts ergänzen

2 Besondere Zahlenfolgen erkennen und fortsetzen

1 Ergänze die Zahlenfolgen.
Überlege zuerst, wie du von einer Zahl zur nächsten kommst.

a)

+2 +2

492 → 494 → 496 → ___ → ___ → ___ → ___ → ___

605 → 610 → 615 → ___ → ___ → ___ → ___ → ___

327 → 347 → 367 → ___ → ___ → ___ → ___ → ___

121 → 171 → 221 → ___ → ___ → ___ → ___ → ___

b)

508 → 506 → 504 → ___ → ___ → ___ → ___ → ___

835 → 830 → 825 → ___ → ___ → ___ → ___ → ___

466 → 446 → 426 → ___ → ___ → ___ → ___ → ___

862 → 812 → 762 → ___ → ___ → ___ → ___ → ___

✶ **MK:** Schrittfolgen und Strukturen bei besonderen Zahlenfolgen erkennen und diese fortsetzen

1 Schreibe alle Zahlen auf, die du mit diesen Ziffernkärtchen legen kannst.

3 5 7

a) alle Zahlen zwischen 1 und 10

3, 5,

b) alle Zahlen zwischen 10 und 100

c) alle Zahlen zwischen 100 und 1000

2 Untersuche die Zahlen aus Aufgabe 1.
Notiere ...

a) ... die größte zweistellige Zahl.

b) ... die kleinste dreistellige Zahl.

c) ... die Zahl, die am nächsten bei 500 liegt.

d) ... die Zahl, die am nächsten bei 100 liegt.

213 ist eine dreistellige Zahl. Sie hat Hunderter, Zehner und Einer.

58 ist eine zweistellige Zahl. Sie hat nur Zehner und Einer.

3 Du hast die folgenden drei Ziffernkärtchen:

2 4 8

Bilde daraus die gesuchten Zahlen und schreibe sie auf.

a) die kleinste zweistellige Zahl

b) die größte dreistellige Zahl

c) die Zahl, die am nächsten bei 700 liegt

* nach Vorgabe aus Ziffernkärtchen Zahlen bilden

1 Rechne im Kopf.

a) 46 + 30 = ☐
53 + 40 = ☐
35 + 50 = ☐

b) 59 – 40 = ☐
78 – 50 = ☐
81 – 20 = ☐

2 Finde und löse zuerst die kleine Aufgabe.

a) 2 + 7 = 9
42 + 7 = ☐

b) ☐ + ☐ = ☐
53 + 4 = ☐

c) ☐ + ☐ = ☐
61 + 5 = ☐

d) ☐ – ☐ = ☐
78 – 5 = ☐

e) ☐ – ☐ = ☐
39 – 9 = ☐

f) ☐ – ☐ = ☐
97 – 3 = ☐

3 Löse die Aufgaben. Schreibe deine Rechenschritte auf.

a) 62 + 26 = ☐
62 + ☐ = ☐
☐ + ☐ = ☐

b) 74 + 15 = ☐
☐ + ☐ = ☐
☐ + ☐ = ☐

c) 34 + 41 = ☐
☐ + ☐ = ☐
☐ + ☐ = ☐

d) 47 – 25 = ☐
☐ – ☐ = ☐
☐ – ☐ = ☐

e) 76 – 33 = ☐
☐ – ☐ = ☐
☐ – ☐ = ☐

f) 89 – 42 = ☐
☐ – ☐ = ☐
☐ – ☐ = ☐

4 Löse die Aufgaben. Rechne mit deinen Rechenschritten im Kopf.
Kontrolliere die Ergebnisse. Die Lösungszahlen findest du in den Sternen.

a) 32 + 43 = 75
21 + 27 = ☐
44 + 52 = ☐

b) 68 – 34 = ☐
46 – 21 = ☐
99 – 22 = ☐

★ Additions- und Subtraktionsaufgaben bis 100 lösen: mit Zehnerzahlen, mithilfe der kleinen Aufgaben, in Schritten, im Kopf

3 Plusaufgaben mit Hundertern legen, zeichnen und lösen

1 Suche dir ein anderes Kind.
Legt und löst Plusaufgaben mit Hunderterzahlen.

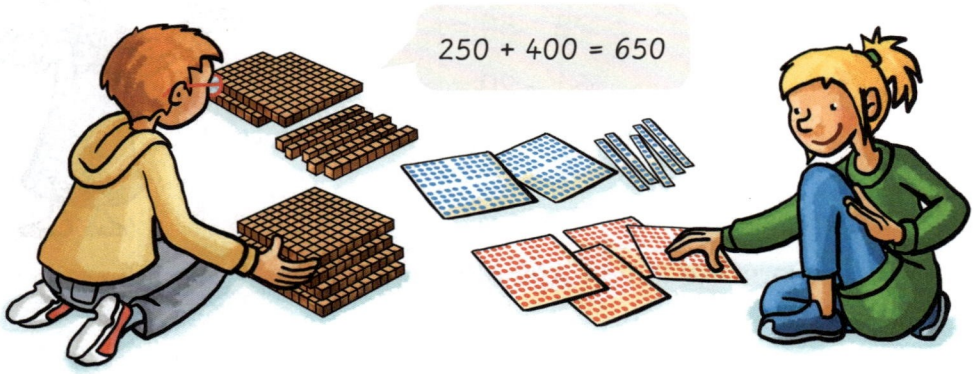

2 Schreibe zu den Bildern Plusaufgaben.

a) □□□□□ □

200 + 400 = 600

b) □□□□□ □□□

_ + _ = _

c) □□□ || □□

_ + _ = _

d) □□□□ |||| □□□

_ + _ = _

e) □□ |||| ..... □

_ + _ = _

f) □□□□ || ... □□

_ + _ = _

3 Zeichne Rechenbilder.
Beachte dabei die Lücke nach fünf Hundertern.

a)

600 + 200 = 800

b)

250 + 400 = 650

c)

234 + 300 = 534

B AH 10 ÜH 9

- Additionsaufgaben mit Hundertern legen und lösen
- Rechenbilder in Additionsaufgaben übertragen
- Additionsaufgaben in Rechenbilder übertragen

Plusaufgaben mit Hundertern und Zehnern mithilfe verwandter Aufgaben lösen

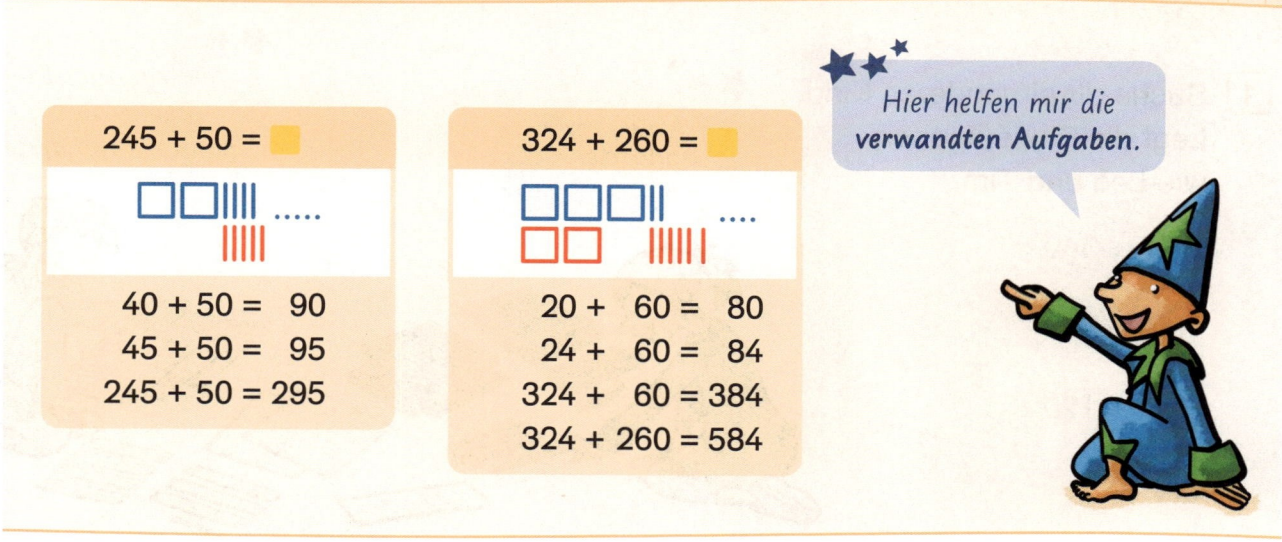

245 + 50 = ■

40 + 50 = 90
45 + 50 = 95
245 + 50 = 295

324 + 260 = ■

20 + 60 = 80
24 + 60 = 84
324 + 60 = 384
324 + 260 = 584

1 Löse die verwandten Aufgaben.

a) 30 + 40 = 70
36 + 40 = 76
536 + 40 = 576

b) 50 + 30 = ☐
52 + 30 = ☐
152 + 30 = ☐

c) 40 + 20 = ☐
47 + 20 = ☐
647 + 20 = ☐

2 Finde und löse zuerst die kleinen Aufgaben.

a) 50 + 20 = 70
58 + 20 = 78
758 + 20 = ☐

b) ☐ + ☐ = ☐
☐ + ☐ = ☐
423 + 60 = ☐

c) ☐ + ☐ = ☐
☐ + ☐ = ☐
521 + 30 = ☐

3 Löse die verwandten Aufgaben.

a) 30 + 50 = 80
36 + 50 = 86
636 + 50 = 686
636 + 250 = 886

b) 50 + 40 = ☐
57 + 40 = ☐
257 + 40 = ☐
257 + 340 = ☐

c) 60 + 30 = ☐
65 + 30 = ☐
465 + 30 = ☐
465 + 530 = ☐

4 Finde und löse zuerst die kleinen Aufgaben.

a) 20 + 40 = 60
26 + 40 = 66
526 + 40 = 566
526 + 340 = ☐

b) ☐ + ☐ = ☐
☐ + ☐ = ☐
☐ + ☐ = ☐
435 + 250 = ☐

c) ☐ + ☐ = ☐
☐ + ☐ = ☐
☐ + ☐ = ☐
618 + 120 = ☐

★ Additionsaufgaben mithilfe verwandter Aufgaben lösen
★ verwandte Aufgaben finden und als Rechenhilfe nutzen
★ **MK:** Strukturen erkennen und nutzen

3 Plusaufgaben mit Hundertern und Zehnern in Schritten lösen

1 Suche dir ein anderes Kind. Legt die Plusaufgaben wie Lea und Tim.

235 + 340

156 + 210

327 + 120

2 Rechne in Schritten.

a) Rechne wie Lea. Ergänze die Rechenschritte.

332	+	120	=		243	+	310	=		224	+	140	=	
332	+	100	=	432	243	+	300	=		224	+	100	=	
432	+	20	=	452		+	10	=			+	40	=	

b) Rechne wie Tim. Ergänze die Rechenschritte.

361	+	220	=		228	+	130	=		432	+	160	=	
361	+	20	=	381	228	+	30	=		432	+	60	=	
381	+	200	=	581		+	100	=			+	100	=	

3 Löse die Aufgaben. Schreibe deine Rechenschritte auf.

a) 767 + 210 = ☐
767 + ☐ = ☐
☐ + ☐ = ☐

b) 578 + 320 = ☐
☐ + ☐ = ☐
☐ + ☐ = ☐

c) 235 + 750 = ☐
☐ + ☐ = ☐
☐ + ☐ = ☐

4 Löse die Aufgaben. Rechne mit deinen Rechenschritten im Kopf.

a) 428 + 340 = ☐

b) 217 + 670 = ☐

c) 372 + 410 = ☐

- Additionsaufgaben in zwei Schritten lösen
- die beiden Rechenschritte notieren
- schrittweise im Kopf rechnen

3 Plusaufgaben mit Zehnern und Einern in Schritten lösen

1 Suche dir ein anderes Kind. Legt die Plusaufgaben wie Lea und Tim.

243 + 35

617 + 72

465 + 32

2 Rechne in Schritten.

a) Rechne wie Lea. Ergänze die Rechenschritte.

□□□II.... III..	□□IIIII.. II...	□□□□□ III. IIIII....
324 + 32 = ☐	242 + 23 = ☐	531 + 44 = ☐
324 + 30 = 354	242 + 20 = ☐	531 + 40 = ☐
354 + 2 = 356	☐ + 3 = ☐	☐ + 4 = ☐

b) Rechne wie Tim. Ergänze die Rechenschritte.

□□□□III. I...	□I.. IIIIII....	□□IIIII..... .. III..
431 + 13 = ☐	112 + 54 = ☐	257 + 32 = ☐
431 + 3 = 434	112 + 4 = ☐	257 + 2 = ☐
434 + 10 = 444	☐ + 50 = ☐	☐ + 30 = ☐

3 Löse die Aufgaben. Schreibe deine Rechenschritte auf.

a) 452 + 36 = ☐
452 + ☐ = ☐
☐ + ☐ = ☐

b) 734 + 45 = ☐
☐ + ☐ = ☐
☐ + ☐ = ☐

c) 546 + 51 = ☐
☐ + ☐ = ☐
☐ + ☐ = ☐

4 Löse die Aufgaben. Rechne mit deinen Rechenschritten im Kopf.

a) 235 + 43 = ☐

b) 554 + 32 = ☐

c) 481 + 15 = ☐

★ Additionsaufgaben in zwei Schritten lösen
★ die beiden Rechenschritte notieren
★ schrittweise im Kopf rechnen

3 Minusaufgaben mit Hundertern legen, zeichnen und lösen

1 Suche dir ein anderes Kind.
Legt und löst Minusaufgaben mit Hunderterzahlen.

540 – 200 = 340

2 Schreibe zu den Bildern Minusaufgaben.

a) 700 – 400 = 300

b) ☐☐☐⊘⊘ ⊘⊘⊘⊘⊘
☐ – ☐ = ☐

c) ☐☐☐☐☐ ⊘⊘⊘IIIII
☐ – ☐ = ☐

d) ☐☐☐⊘⊘ ⊘⊘⊘⊘IIII
☐ – ☐ = ☐

e) ☐☐⊘⊘⊘ II.....
☐ – ☐ = ☐

f) ☐☐☐⊘⊘ ⊘⊘IIII...
☐ – ☐ = ☐

3 Zeichne Rechenbilder.
Beachte dabei die Lücke nach fünf Hundertern oder Zehnern.

a) 600 – 500 = 100

b) 560 – 200 = 360

c) 435 – 200 = 235

B AH 13 ÜH 12

★ Subtraktionsaufgaben mit Hundertern legen und lösen
★ Rechenbilder in Subtraktionsaufgaben übertragen
★ Subtraktionsaufgaben in Rechenbilder übertragen

Minusaufgaben mit Hundertern und Zehnern mithilfe verwandter Aufgaben lösen

372 – 50 = ■

70 – 50 = 20
72 – 50 = 22
372 – 50 = 322

564 – 230 = ■

60 – 30 = 30
64 – 30 = 34
564 – 30 = 534
564 – 230 = 334

Hier helfen mir die **verwandten Aufgaben.**

1 Löse die verwandten Aufgaben.

a) 80 – 50 = 30
86 – 50 = 36
786 – 50 = 736

b) 70 – 40 = ☐
78 – 40 = ☐
678 – 40 = ☐

c) 90 – 20 = ☐
95 – 20 = ☐
395 – 20 = ☐

2 Finde und löse zuerst die kleinen Aufgaben.

a) 60 – 40 = 20
63 – 40 = 23
563 – 40 = ☐

b) ☐ – ☐ = ☐
☐ – ☐ = ☐
845 – 30 = ☐

c) ☐ – ☐ = ☐
☐ – ☐ = ☐
972 – 50 = ☐

3 Löse die verwandten Aufgaben.

a) 80 – 70 = 10
82 – 70 = 12
482 – 70 = 412
482 – 270 = 212

b) 90 – 50 = ☐
94 – 50 = ☐
694 – 50 = ☐
694 – 250 = ☐

c) 50 – 20 = ☐
57 – 20 = ☐
857 – 20 = ☐
857 – 320 = ☐

4 Finde und löse zuerst die kleinen Aufgaben.

a) 80 – 20 = 60
82 – 20 = 62
982 – 20 = 962
982 – 120 = ☐

b) ☐ – ☐ = ☐
☐ – ☐ = ☐
☐ – ☐ = ☐
745 – 540 = ☐

c) ☐ – ☐ = ☐
☐ – ☐ = ☐
☐ – ☐ = ☐
571 – 230 = ☐

3 Minusaufgaben mit Hundertern und Zehnern in Schritten lösen

1 Suche dir ein anderes Kind. Legt die Minusaufgaben wie Lea und Tim.

542 – 230

486 – 360

364 – 210

2 Rechne in Schritten.

a) Rechne wie Lea. Ergänze die Rechenschritte.

573 – 320 =	654 – 130 =	742 – 240 =
573 – 300 = 273	654 – 100 =	742 – 200 =
273 – 20 = 253	– 30 =	– 40 =

b) Rechne wie Tim. Ergänze die Rechenschritte.

586 – 450 =	645 – 310 =	458 – 340 =
586 – 50 = 536	645 – 10 =	458 – 40 =
536 – 400 = 136	– 300 =	– 300 =

3 Löse die Aufgaben. Schreibe deine Rechenschritte auf.

a) 357 – 230 =
357 – =
– =

b) 976 – 330 =
– =
– =

c) 591 – 160 =
– =
– =

4 Löse die Aufgaben. Rechne mit deinen Rechenschritten im Kopf.

a) 732 – 220 =

b) 512 – 310 =

c) 984 – 960 =

★ Subtraktionsaufgaben in zwei Schritten lösen
★ die beiden Rechenschritte notieren
★ schrittweise im Kopf rechnen

3 Minusaufgaben mit Zehnern und Einern in Schritten lösen

1 Suche dir ein anderes Kind. Legt die Minusaufgaben wie Lea und Tim.

457 – 34

568 – 27

786 – 41

2 Rechne in Schritten.

a) Rechne wie Lea. Ergänze die Rechenschritte.

356	–	23	=		645	–	14	=		567	–	45	=	
356	–	20	=	336	645	–	10	=		567	–	40	=	
336	–	3	=	333		–	4	=			–	5	=	

b) Rechne wie Tim. Ergänze die Rechenschritte.

538	–	25	=		483	–	31	=		385	–	21	=	
538	–	5	=	533	483	–	1	=		385	–	1	=	
533	–	20	=	513		–	30	=			–	20	=	

3 Löse die Aufgaben. Schreibe deine Rechenschritte auf.

a) 876 – 32 = ☐
876 – ☐ = ☐
☐ – ☐ = ☐

b) 768 – 42 = ☐
☐ – ☐ = ☐
☐ – ☐ = ☐

c) 957 – 24 = ☐
☐ – ☐ = ☐
☐ – ☐ = ☐

4 Löse die Aufgaben. Rechne mit deinen Rechenschritten im Kopf.

a) 892 – 41 = ☐

b) 986 – 64 = ☐

c) 674 – 52 = ☐

★ Subtraktionsaufgaben in zwei Schritten lösen
★ die beiden Rechenschritte notieren
★ schrittweise im Kopf rechnen

3 Plus- und Minusaufgaben üben

1 Löse die Kettenaufgaben.

a) 236 —+ 300→ 536 —+ 200→ ☐ —+ 100→ ☐

b) 921 —– 500→ ☐ —– 100→ ☐ —– 300→ ☐

c) 815 —+ 20→ ☐ —+ 40→ ☐ —+ 10→ ☐

d) 392 —– 40→ ☐ —– 10→ ☐ —– 30→ ☐

2 Löse die Aufgaben.
Schreibe deine Rechenschritte auf.

a) 528 + 360 = ☐
528 + ☐ = ☐
☐ + ☐ = ☐

b) 625 + 240 = ☐
☐ + ☐ = ☐
☐ + ☐ = ☐

c) 768 – 320 = ☐
☐ – ☐ = ☐
☐ – ☐ = ☐

d) 947 – 710 = ☐
☐ – ☐ = ☐
☐ – ☐ = ☐

3 Löse die Aufgaben.
Schreibe deine Rechenschritte auf.

a) 436 + 53 = ☐
436 + ☐ = ☐
☐ + ☐ = ☐

b) 543 + 34 = ☐
☐ + ☐ = ☐
☐ + ☐ = ☐

c) 798 – 54 = ☐
☐ – ☐ = ☐
☐ – ☐ = ☐

d) 679 – 56 = ☐
☐ – ☐ = ☐
☐ – ☐ = ☐

★ Kettenaufgaben mit Hundertern und Zehnern lösen
★ den eigenen Rechenweg finden und notieren

3 Plus- und Minusaufgaben lösen

1 Löse die Aufgabenreihen mit Plusaufgaben. Setze die Reihen fort.

a)

135 + 20 = 155
135 + 120 = ☐
135 + 220 = ☐
☐ + ☐ = ☐
☐ + ☐ = ☐

b)

962 + 26 = ☐
862 + 26 = ☐
762 + 26 = ☐
☐ + ☐ = ☐
☐ + ☐ = ☐

2 Löse die Aufgabenreihen mit Minusaufgaben. Setze die Reihen fort.

a)

968 – 30 = 938
968 – 130 = ☐
968 – 230 = ☐
☐ – ☐ = ☐
☐ – ☐ = ☐

b)

273 – 51 = ☐
373 – 51 = ☐
473 – 51 = ☐
☐ – ☐ = ☐
☐ – ☐ = ☐

3 Ergänze die Zahlenmauern.
Rechne mit deinen Rechenschritten im Kopf.

a)

b)

4 Löse die Aufgaben. Rechne mit deinen Rechenschritten im Kopf.
Kontrolliere die Ergebnisse. Die Lösungszahlen findest du in den Sternen.

a)

724 + 55 = 779
952 + 36 = ☐
521 + 78 = ☐
231 + 49 = ☐

280 599 ~~779~~ 988

b)

459 – 26 = ☐
837 – 25 = ☐
786 – 56 = ☐
974 – 33 = ☐

433 730 812 941

1 Finde zu jeder Rechengeschichte (G) und Frage (F) eine passende Rechnung (R) und Antwort (A).

a)
G: Um 10:00 Uhr besuchten 161 Kinder und 37 Erwachsene die Vorstellung.
F: Wie viele Personen waren es insgesamt?
R: ☐ ○ ☐ = ☐
A: _____

b)
G: Um 15:00 Uhr besuchten 101 Kinder und 74 Erwachsene die Vorstellung.
F: Wie viele Personen waren es insgesamt?
R: ☐ ○ ☐ = ☐
A: _____

c)
G: Insgesamt gibt es 200 Plätze
F: Wie viele freie Plätze gab es um 10:00 Uhr?
R: ☐ ○ ☐ = ☐
A: _____

F: Wie viele freie Plätze gab es um 15:00 Uhr?
R: ☐ ○ ☐ = ☐
A: _____

2 Die Kinder und Eltern der Wiesenschule haben Kuchen und Getränke angeboten. Ihre Verkäufe haben sie in einer Tabelle notiert. Fülle die Tabelle vollständig aus.

	10:00-Uhr-Vorstellung	15:00-Uhr-Vorstellung	insgesamt
Kuchen	102	160	
Wasser		110	145
Saftschorle	22		122

D 9

✶ **SF/MK:** Texten Informationen entnehmen, Sachaufgaben lösen, Rechnungen notieren, Antworten formulieren ✶ **MK:** einer Tabelle Informationen entnehmen ✶ in einer Tabelle fehlende Zahlen ergänzen

1 Berechne und vergleiche die Zuzüge nach Längenholz.

a) Berechne, wie viele Personen im Jahr 2020 und im Jahr 2021 neu zugezogen sind.

b) Vergleiche die Zuzüge 2020 und 2021.

Im Jahr _____ sind ____ mehr Personen zugezogen als im Jahr _____.

Seite 37 Aufgabe 1
a) 2020 R: ...
A: ...
⋮

2 Um festzustellen, wie der Verkehr auf der Zufahrtsstraße in das neue Baugebiet zugenommen hat, wurde jedes Jahr eine Verkehrszählung durchgeführt.

Freitag, 15.3.2019	Freitag, 13.3.2020	Freitag, 12.3.2021
112 Fahrräder	10 Fahrräder weniger als 2019	144 Fahrräder
324 Pkw	40 Pkw mehr als 2019	353 Pkw

a) Übertrage die bereits gegebenen Anzahlen in die Tabelle.

	Fahrräder	Pkw	insgesamt
Freitag, 15.3.2019			
Freitag, 13.3.2020			
Freitag, 12.3.2021			

b) Berechne die fehlenden Anzahlen und fülle die Tabelle aus a) vollständig aus.

3 Betrachte die Tabelle aus Aufgabe 2.
Schreibe Vergleiche zur Gesamtzahl der Fahrzeuge in den verschiedenen Jahren auf.

Seite 37 Aufgabe 3
Im Jahr ...

* **MK:** einer Tabelle Informationen entnehmen, gesuchte Angaben berechnen, Vergleiche notieren
* Angaben in einer Tabelle notieren, fehlende Angaben berechnen, Vergleiche notieren

1 Falte, zeichne und schneide eine Blüte wie Einstern.
Verwende quadratisches Papier.

2 Stelle eigene Blüten her.
Überlege, wie viele Symmetrieachsen deine Blüten haben.

3 Du kannst gemeinsam mit anderen Kindern aus euren Blüten eine Blumenwiese gestalten. Vielleicht faltet und schneidet ihr auch Blätter.

4 Es wurde zweimal gefaltet, dann geschnitten und danach aufgefaltet.
Verbinde, was zusammengehört.

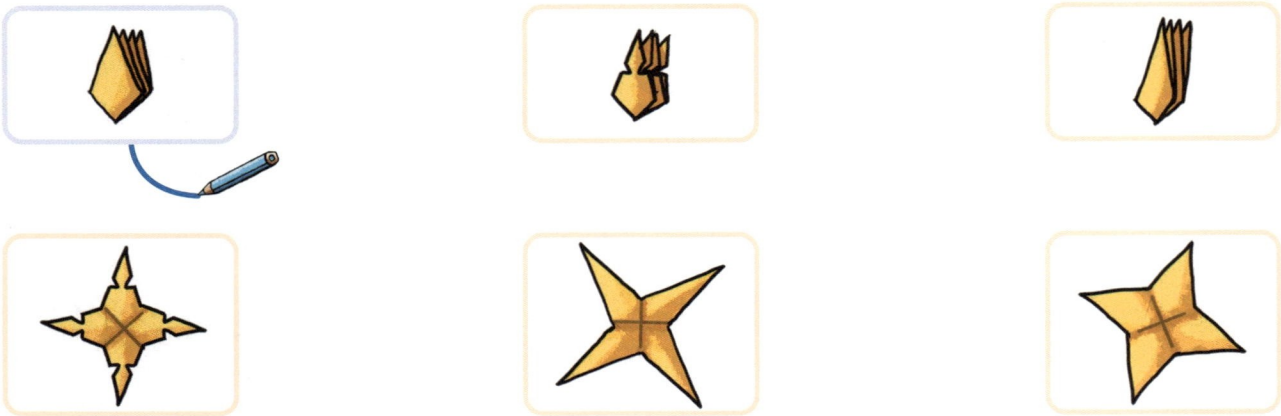

✶ durch Falten und Schneiden symmetrische Figuren herstellen
✶ Falt- und Schneideergebnisse zuordnen

4 Mit dem Doppelspiegel entdecken

1 Suche dir ein anderes Kind.
Probiert, was ihr mit einem Doppelspiegel sehen könnt.

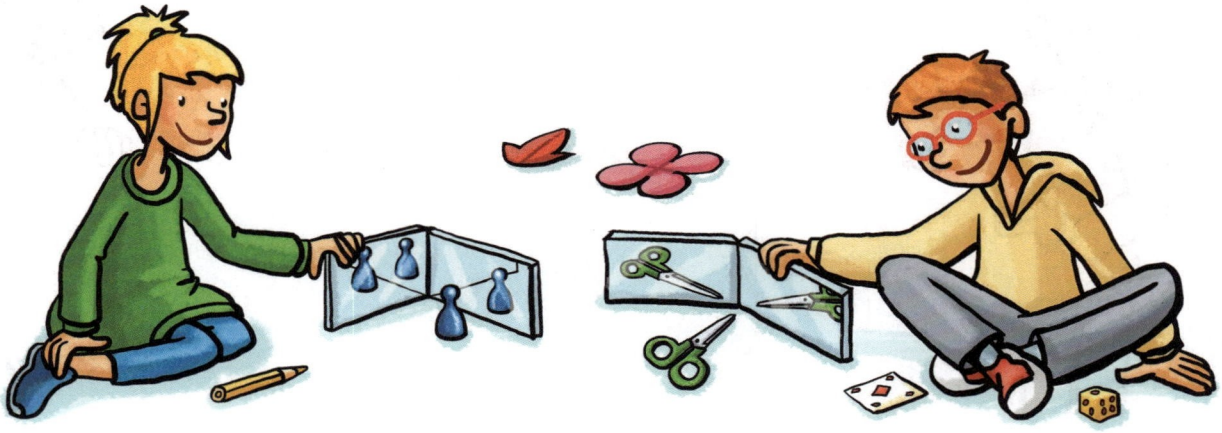

2 Probiert, welches Bild ihr mit dem Doppelspiegel sehen könnt. Kreuzt an.

a)

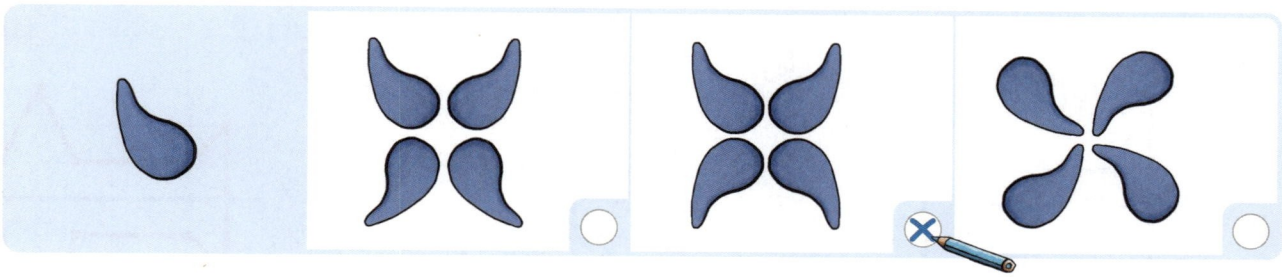

b)

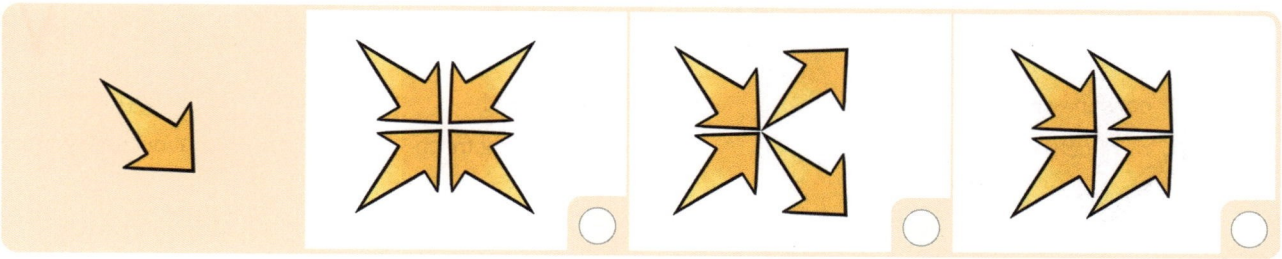

c)

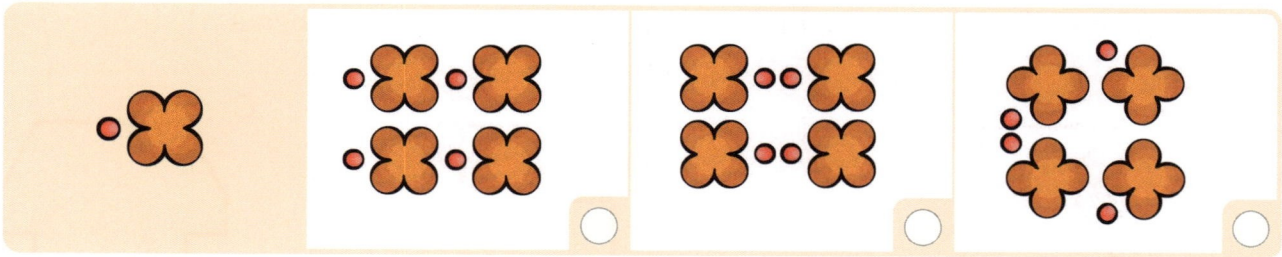

d)

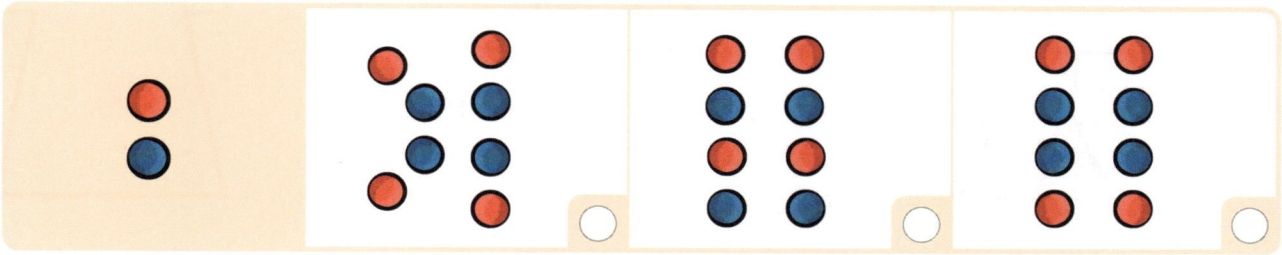

★ mit dem Doppelspiegel experimentieren
★ erkunden, welches Spiegelbild mit zwei senkrecht zueinander stehenden Spiegeln erzeugt werden kann

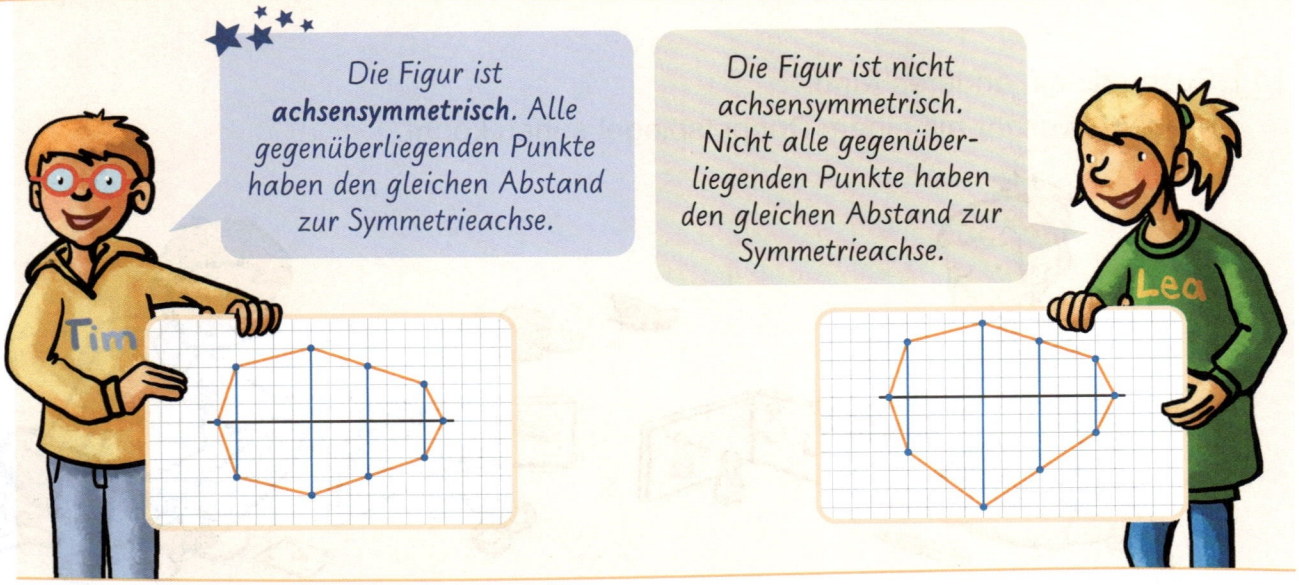

1 Stelle fest, welche Figuren achsensymmetrisch sind. Kreuze an.
Suche dir ein anderes Kind und begründe deine Aussage.

a)

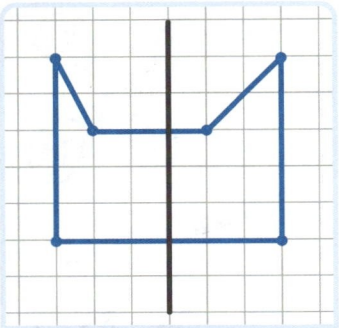

- ○ achsensymmetrisch
- ☒ nicht achsensymmetrisch

b)

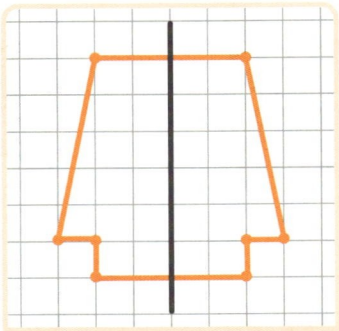

- ○ achsensymmetrisch
- ○ nicht achsensymmetrisch

c)

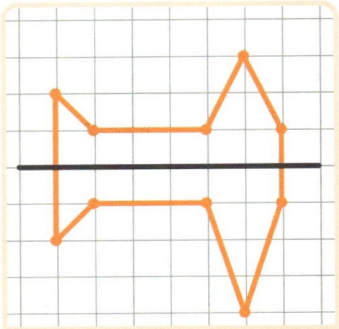

- ○ achsensymmetrisch
- ○ nicht achsensymmetrisch

2 Stelle fest, welche Figuren achsensymmetrisch sind.
Zeichne bei achsensymmetrischen Figuren die Symmetrieachse ein.

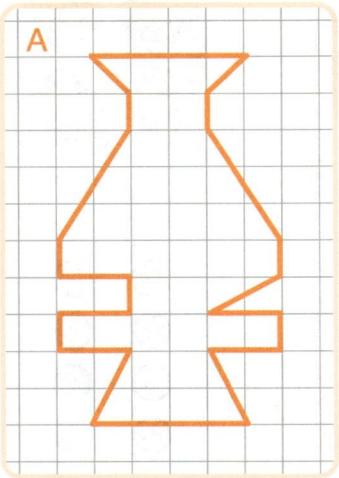

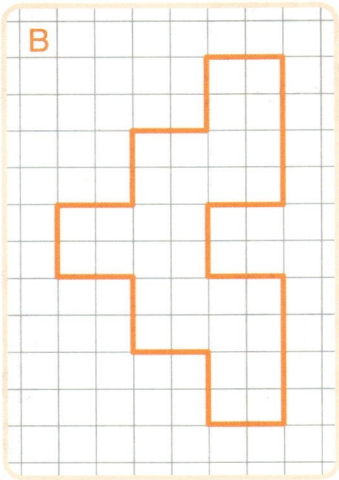

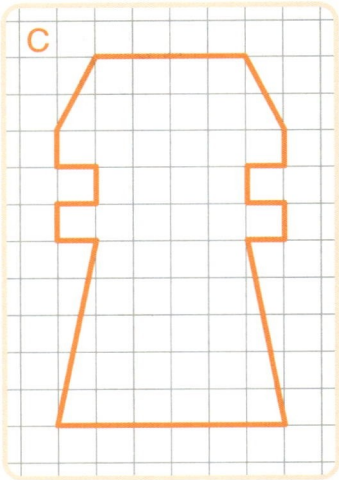

- Eigenschaften achsensymmetrischer Figuren kennenlernen
- Figuren auf Achsensymmetrie überprüfen, Entscheidungen begründen
- achsensymmetrische Figuren erkennen, jeweils die Symmetrieachse einzeichnen

4 Symmetrieachsen einzeichnen

1 Stelle fest, welche Figuren achsensymmetrisch sind.
Zeichne bei achsensymmetrischen Figuren alle Symmetrieachsen mit einem roten Stift ein. Benutze ein Lineal.
Vergleiche deine Ergebnisse mit denen eines anderen Kindes.

a)

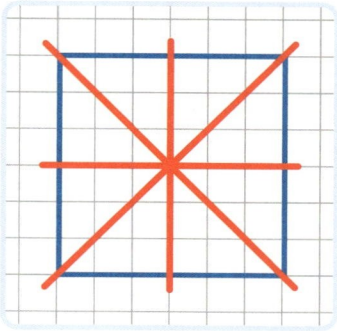

b)

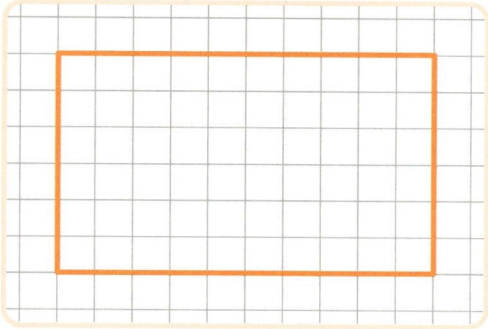

c)

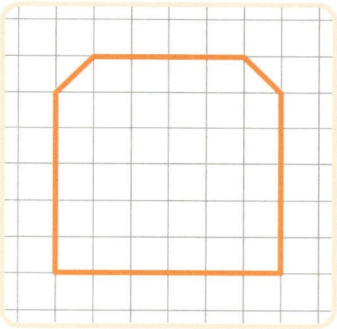

d)

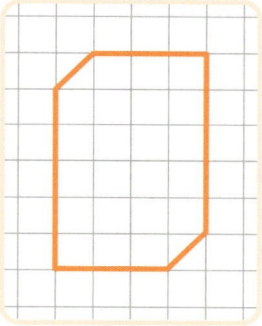

e)

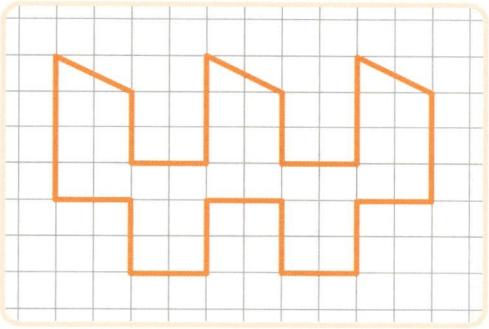

f)

g)

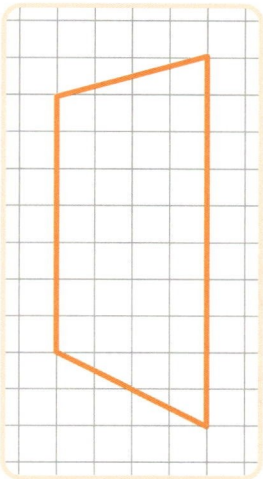

h)

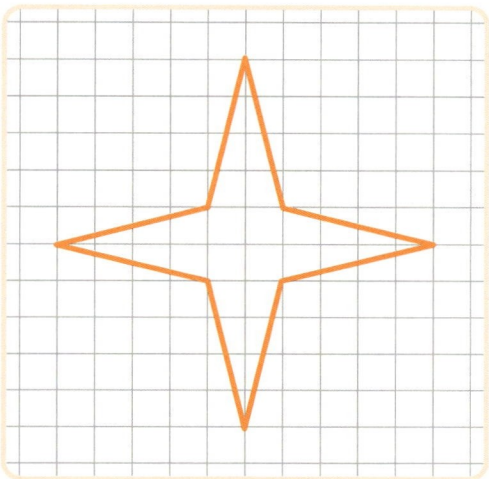

4 Spiegelbilder ergänzen (1)

1 Ergänze jeweils das Spiegelbild.

Nach dem Zeichnen überprüfe ich die Figuren mit dem Spiegel.

a)

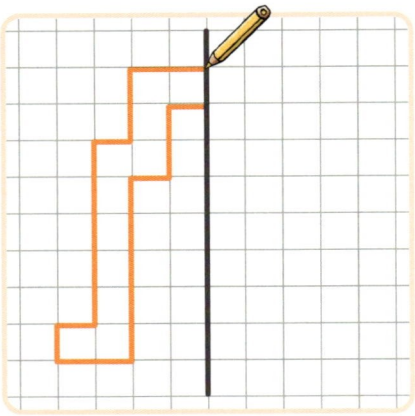

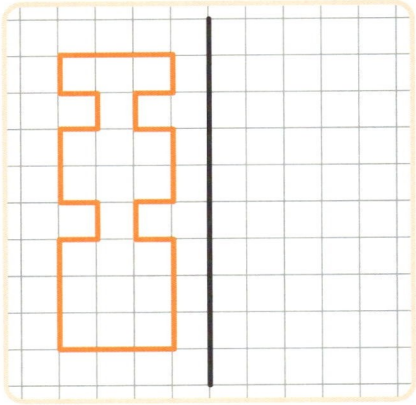

b)

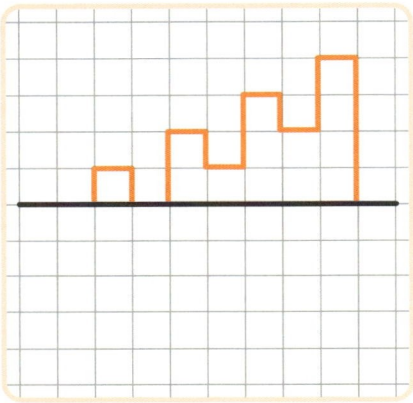

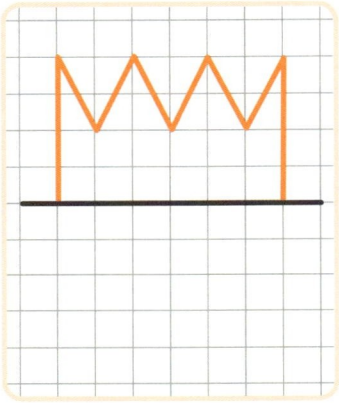

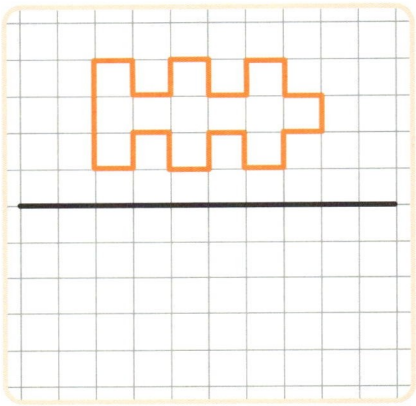

c)

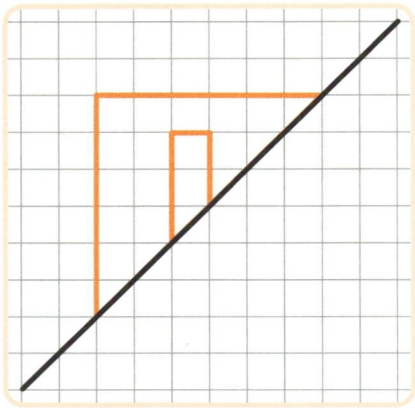

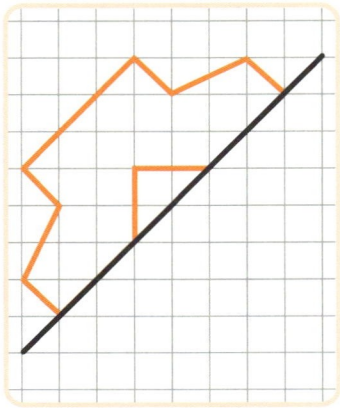

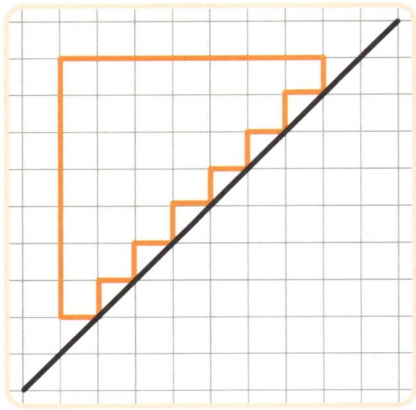

★ zu vorgegebenen Figuren mit unterschiedlicher Lage der Symmetrieachse Spiegelbilder ergänzen
★ Spiegelbilder mit dem Spiegel überprüfen

4 Spiegelbilder ergänzen (2)

1 Ergänze das Spiegelbild.

a) Wähle eine Figur aus.

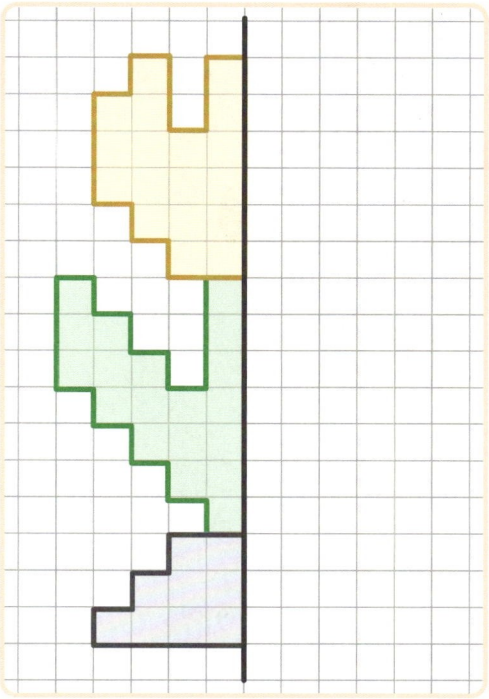

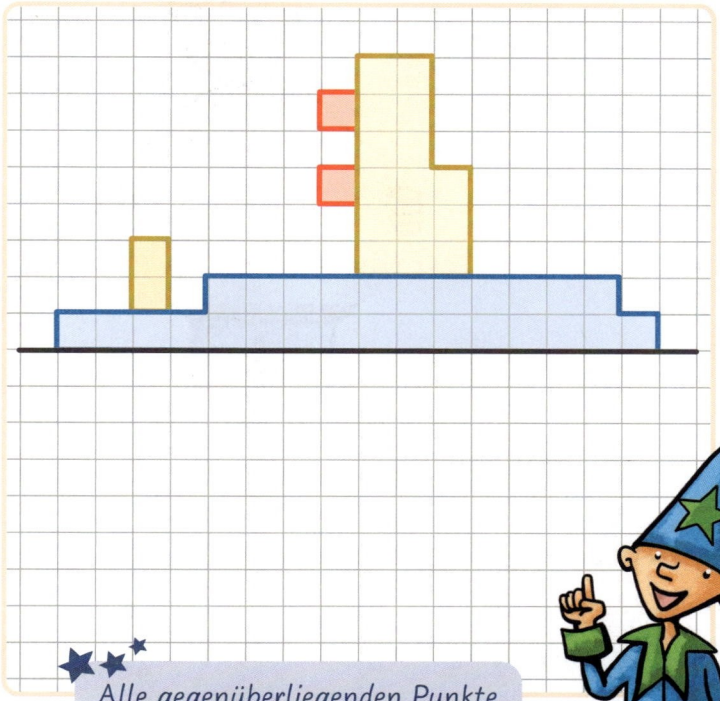

b) Erkläre einem anderen Kind, wie du vorgegangen bist.

2 Zeichne selbst weitere Figuren und eine Symmetrieachse in dein Heft. Ergänze dann jeweils das Spiegelbild.

Seite 43 Aufgabe 2

...

3 Wähle eine Figur aus.
Spiegle die Figur erst nach rechts und dann die gesamte Figur nach unten.

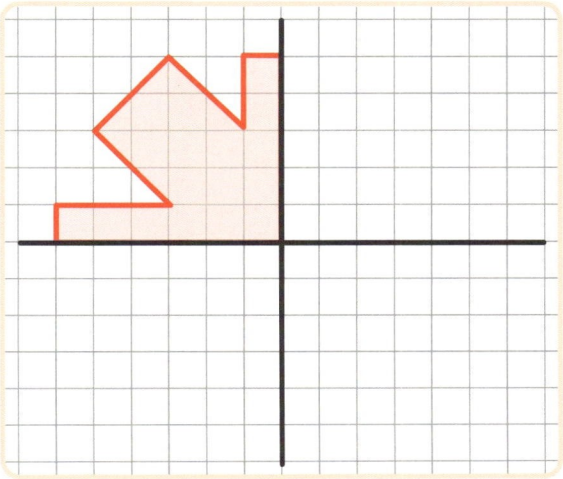

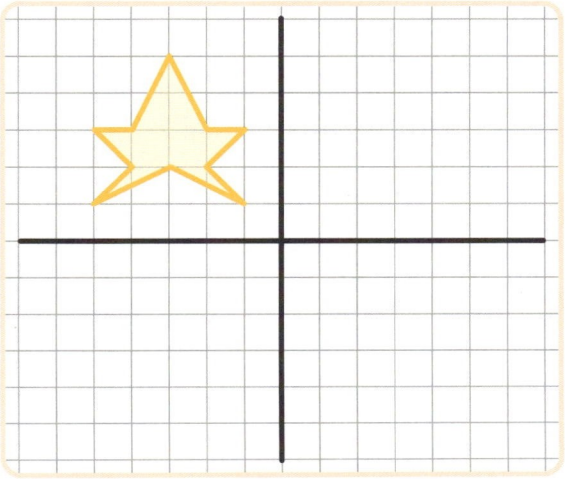

★ zu vorgegebenen Figuren mit unterschiedlicher Lage der Symmetrieachse Spiegelbilder ergänzen
★ eigene achsensymmetrische Figuren zeichnen

1 Rechne wie Paul.

a) Löse die verwandten Aufgaben.

5 + 7 = 12	6 + 8 =	4 + 7 =
85 + 7 = 92	46 + 8 =	94 + 7 =
485 + 7 = 492	246 + 8 =	194 + 7 =

b) Finde und löse zuerst die kleinen Aufgaben.

8 + 5 = 13	+ =	+ =
38 + 5 = 43	+ =	+ =
538 + 5 =	685 + 6 =	398 + 9 =

2 Rechne wie Lena. Löse die Aufgaben in Schritten.

a) Rechne bis zum nächsten Zehner und dann weiter.

274 + 8 =	367 + 5 =	536 + 8 =
274 + 6 = 280	+ =	+ =
280 + 2 =	+ =	+ =

b) Rechne bis zum nächsten Hunderter und dann weiter.

398 + 7 =	495 + 8 =	697 + 9 =
398 + 2 = 400	+ =	+ =
400 + 5 =	+ =	+ =

★ Rechenschritte nachvollziehen und anwenden
★ Additionsaufgaben mithilfe verwandter Aufgaben lösen ★ **MK:** Strukturen erkennen und nutzen ★ Additionsaufgaben in Schritten lösen

5 Plusaufgaben mit Zehnern und Einern lösen

1 Rechne wie Lea.

a) Löse die verwandten Aufgaben.

60 + 70 = 130	70 + 50 = ☐	50 + 80 = ☐
560 + 70 = 630	870 + 50 = ☐	350 + 80 = ☐
567 + 70 = 637	873 + 50 = ☐	354 + 80 = ☐

b) Finde und löse zuerst die kleinen Aufgaben.

30 + 90 = 120	☐ + ☐ = ☐	☐ + ☐ = ☐
230 + 90 = 320	☐ + ☐ = ☐	☐ + ☐ = ☐
238 + 90 = ☐	685 + 60 = ☐	491 + 40 = ☐

2 Löse die Aufgaben in Schritten. Rechne wie Ole oder Mai-Lin.

a) Löse die Aufgaben ohne Zehnerüberschreitung.

485 + 52 = ☐	652 + 67 = ☐	872 + 75 = ☐
485 + ☐ = ☐	☐ + ☐ = ☐	☐ + ☐ = ☐
☐ + ☐ = ☐	☐ + ☐ = ☐	☐ + ☐ = ☐

b) Löse die Aufgaben mit Zehnerüberschreitung.

586 + 38 = ☐	367 + 85 = ☐	248 + 93 = ☐
☐ + ☐ = ☐	☐ + ☐ = ☐	☐ + ☐ = ☐
☐ + ☐ = ☐	☐ + ☐ = ☐	☐ + ☐ = ☐

5 Plusaufgaben mit Hundertern und Zehnern in Schritten lösen

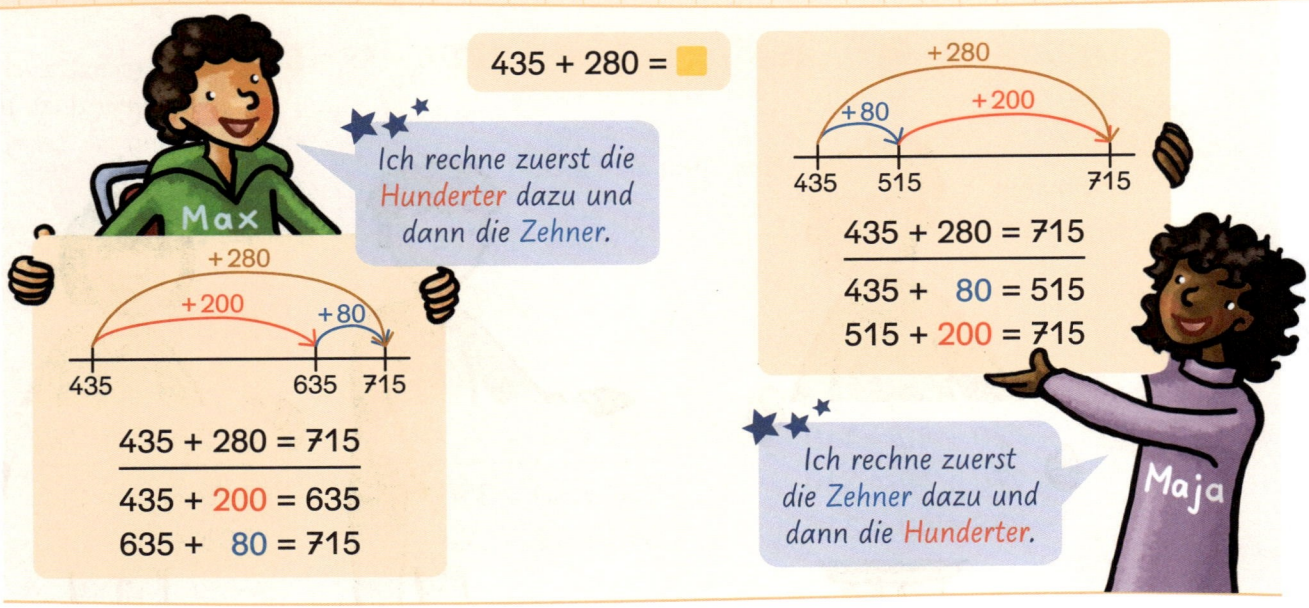

1 Wie rechnest du die Aufgabe 435 + 280?
Vergleiche mit anderen Kindern.

2 Löse die Aufgaben.
Stelle deine Rechenschritte am Rechenstrich dar und schreibe sie auf.

a)

387 + 540 = ☐

☐ + ☐ = ☐

☐ + ☐ = ☐

b)

563 + 270 = ☐

☐ + ☐ = ☐

☐ + ☐ = ☐

3 Löse die Aufgaben in deinem Heft.
Schreibe deine Rechenschritte auf oder stelle sie am Rechenstrich dar.

a) 372 + 550 = ■

b) 668 + 170 = ■

c) 427 + 280 = ■

d) 281 + 150 = ■

Seite 46 Aufgabe 3
a) ...

★ SF: Rechenschritte nachvollziehen, beschreiben und vergleichen
★ den eigenen Rechenweg beim Lösen von Aufgaben anwenden, am Rechenstrich zeichnen und notieren

5 Plusaufgaben mit Hundertern, Zehnern und Einern in Schritten lösen

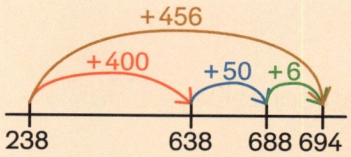

238 + 456 = 694

238 + 400 = 638
638 + 50 = 688
688 + 6 = 694

238 + 456 = ■

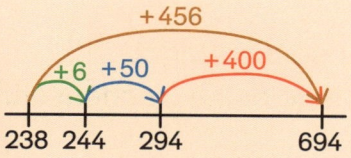

238 + 456 = 694

238 + 6 = 244
244 + 50 = 294
294 + 400 = 694

Ich rechne zuerst die Hunderter dazu, dann die Zehner und zum Schluss die Einer.

Ich rechne zuerst die Einer dazu, dann die Zehner und zum Schluss die Hunderter.

1 Wie rechnest du die Aufgabe 238 + 456?
Vergleiche mit anderen Kindern.

2 Löse die Aufgaben.
Stelle deine Rechenschritte am Rechenstrich dar und schreibe sie auf.

a)

356 + 582 = ☐

☐ + ☐ = ☐
☐ + ☐ = ☐
☐ + ☐ = ☐

b)

187 + 367 = ☐

☐ + ☐ = ☐
☐ + ☐ = ☐
☐ + ☐ = ☐

3 Löse die Aufgaben in deinem Heft.
Schreibe deine Rechenschritte auf oder stelle sie am Rechenstrich dar.

a) 384 + 575 = ■
b) 272 + 443 = ■
c) 245 + 689 = ■
d) 484 + 352 = ■

Seite 47 Aufgabe 3
a) ...

★ SF: Rechenschritte nachvollziehen, beschreiben und vergleichen
★ den eigenen Rechenweg beim Lösen von Aufgaben anwenden, am Rechenstrich zeichnen und notieren

5 Plusaufgaben mit dem eigenen Rechenweg lösen

1 Löse die Aufgaben.
Stelle deine Rechenschritte am Rechenstrich dar und schreibe sie auf.

a)

596

596 + 230 = ☐

596 + ☐ = ☐

☐ + ☐ = ☐

b)

358

358 + 570 = ☐

☐ + ☐ = ☐

☐ + ☐ = ☐

c)

376

376 + 260 = ☐

☐ + ☐ = ☐

☐ + ☐ = ☐

d)

485

485 + 350 = ☐

☐ + ☐ = ☐

☐ + ☐ = ☐

2 Löse die Aufgaben.
Stelle deine Rechenschritte am Rechenstrich dar und schreibe sie auf.

a)

245

245 + 367 = ☐

☐ + ☐ = ☐

☐ + ☐ = ☐

☐ + ☐ = ☐

b)

478

478 + 256 = ☐

☐ + ☐ = ☐

☐ + ☐ = ☐

☐ + ☐ = ☐

★ den eigenen Rechenweg beim Lösen von Aufgaben anwenden, am Rechenstrich zeichnen und notieren

5 Den eigenen Rechenweg bei Plusaufgaben anwenden

1 Löse die Aufgaben. Rechne mit deinen Rechenschritten im Kopf.
Kontrolliere die Ergebnisse. Die Lösungszahlen findest du in den Sternen.

a) 468 + 80 = 548
524 + 90 = ____
357 + 70 = ____

b) 380 + 49 = ____
650 + 86 = ____
790 + 63 = ____

c) 765 + 68 = ____
276 + 56 = ____
893 + 79 = ____

332 427 429 ~~548~~ 614 736 833 853 972

2 Löse die Aufgaben. Rechne mit deinen Rechenschritten im Kopf.
Kontrolliere die Ergebnisse. Die Lösungszahlen findest du in den Sternen.

a) 370 + 440 = 810
550 + 280 = ____
480 + 160 = ____

b) 372 + 240 = ____
658 + 180 = ____
183 + 260 = ____

c) 490 + 237 = ____
270 + 348 = ____
560 + 276 = ____

443 612 618 640 727 ~~810~~ 830 836 838

3 Löse die Aufgaben und setze die Aufgabenreihen fort.

a)
467 + 280 = 747
477 + 270 = ____
487 + 260 = ____
____ + ____ = ____
____ + ____ = ____

b)
125 + 230 = ____
125 + 240 = ____
125 + 250 = ____
____ + ____ = ____
____ + ____ = ____

4 Beschreibt, wie sich bei den Aufgabenreihen in Aufgabe 3 die erste Zahl, die zweite Zahl und das Ergebnis verändern.

Seite 49 Aufgabe 4
a) Die erste Zahl ...
...

5 Bilde selbst eine Aufgabenreihe.
Bitte ein anderes Kind, diese fortzusetzen.

Seite 49 Aufgabe 5
...

★ Aufgaben mit den eigenen Rechenschritten im Kopf lösen, Ergebnisse kontrollieren
★ **MK/SF:** Aufgabenreihen fortsetzen und lösen, Struktur erkennen und beschreiben
★ selbst eine Aufgabenreihe bilden

6 Minusaufgaben mit Einern lösen

1 Rechne wie Paul.

a) Löse die verwandten Aufgaben.

14 – 7 = 7	11 – 8 =	13 – 5 =
54 – 7 = 47	81 – 8 =	23 – 5 =
254 – 7 = 247	381 – 8 =	623 – 5 =

b) Finde und löse zuerst die kleinen Aufgaben.

11 – 4 = 7	– =	– =
31 – 4 = 27	– =	– =
531 – 4 =	742 – 7 =	478 – 9 =

2 Rechne wie Meral. Löse die Aufgaben in Schritten.

a) Rechne bis zum nächsten Zehner und dann weiter.

283 – 7 =	472 – 6 =	595 – 8 =
283 – 3 = 280	– =	– =
280 – 4 =	– =	– =

b) Rechne bis zum nächsten Hunderter und dann weiter.

503 – 9 =	705 – 8 =	902 – 6 =
503 – 3 = 500	– =	– =
500 – 6 =	– =	– =

★ Rechenschritte nachvollziehen und anwenden
★ Subtraktionsaufgaben mithilfe verwandter Aufgaben lösen ★ **MK:** Strukturen erkennen und nutzen ★ Subtraktionsaufgaben in Schritten lösen

6 Minusaufgaben mit Zehnern und Einern lösen

1 Rechne wie Tim.

a) Löse die verwandten Aufgaben.

170 – 90 = 80	120 – 50 =	130 – 80 =
670 – 90 = 580	920 – 50 =	430 – 80 =
678 – 90 = 588	922 – 50 =	435 – 80 =

b) Finde und löse zuerst die kleinen Aufgaben.

140 – 60 = 80	– =	– =
340 – 60 = 280	– =	– =
343 – 60 =	819 – 40 =	634 – 70 =

2 Löse die Aufgaben in Schritten. Rechne wie Lisa oder Janek.

a) Löse die Aufgaben ohne Zehnerüberschreitung.

435 – 52 =	629 – 67 =	848 – 75 =
435 – =	– =	– =
– =	– =	– =

b) Löse die Aufgaben mit Zehnerüberschreitung.

536 – 88 =	322 – 36 =	241 – 64 =
– =	– =	– =
– =	– =	– =

6 Minusaufgaben mit Hundertern und Zehnern in Schritten lösen

623 – 240 = ■

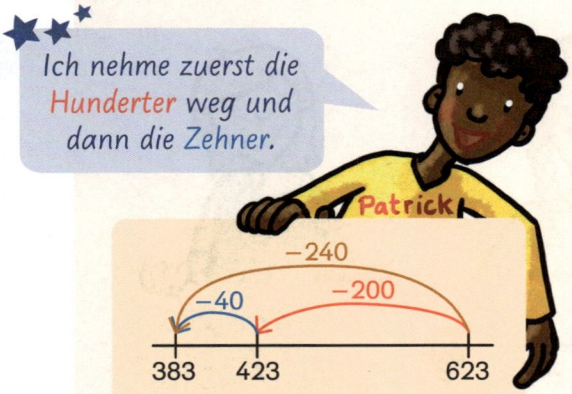

623 – 240 = 383

623 – 200 = 423

423 – 40 = 383

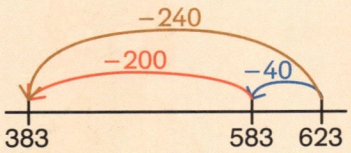

623 – 240 = 383

623 – 40 = 583

583 – 200 = 383

Ich nehme zuerst die Zehner weg und dann die Hunderter.

1 Wie rechnest du die Aufgabe 623 – 240?
Vergleiche mit anderen Kindern.

2 Löse die Aufgaben.
Stelle deine Rechenschritte am Rechenstrich dar und schreibe sie auf.

a)

564 – 380 = ☐

☐ – ☐ = ☐

☐ – ☐ = ☐

b)

336 – 160 = ☐

☐ – ☐ = ☐

☐ – ☐ = ☐

3 Löse die Aufgaben in deinem Heft.
Schreibe deine Rechenschritte auf oder stelle sie am Rechenstrich dar.

a) 853 – 690 = ■

b) 639 – 380 = ■

c) 608 – 150 = ■

d) 435 – 370 = ■

Seite 52 Aufgabe 3
a) ...

★ SF: Rechenschritte nachvollziehen, beschreiben und vergleichen
★ den eigenen Rechenweg beim Lösen von Aufgaben anwenden, am Rechenstrich zeichnen und notieren

Minusaufgaben mit Hundertern, Zehnern und Einern in Schritten lösen

324 – 216 = ■

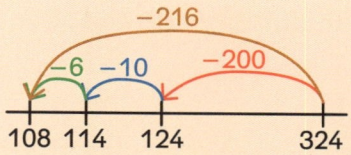

324 – 216 = 108

324 – 200 = 124
124 – 10 = 114
114 – 6 = 108

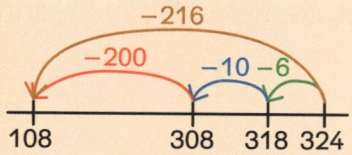

324 – 216 = 108

324 – 6 = 318
318 – 10 = 308
308 – 200 = 108

Ich nehme zuerst die Hunderter weg, dann die Zehner und zum Schluss die Einer.

Ich nehme zuerst die Einer weg, dann die Zehner und zum Schluss die Hunderter.

1 Wie rechnest du die Aufgabe 324 – 216?
Vergleiche mit anderen Kindern.

2 Löse die Aufgaben.
Stelle deine Rechenschritte am Rechenstrich dar und schreibe sie auf.

a)

538 – 356 = ☐

☐ – ☐ = ☐
☐ – ☐ = ☐
☐ – ☐ = ☐

b)

752 – 476 = ☐

☐ – ☐ = ☐
☐ – ☐ = ☐
☐ – ☐ = ☐

3 Löse die Aufgaben in deinem Heft.
Schreibe deine Rechenschritte auf oder stelle sie am Rechenstrich dar.

a) 543 – 472 = ■
b) 426 – 252 = ■
c) 617 – 249 = ■
d) 945 – 687 = ■

Seite 53 Aufgabe 3
a) ...

★ **SF:** Rechenschritte nachvollziehen, beschreiben und vergleichen
★ den eigenen Rechenweg beim Lösen von Aufgaben anwenden, am Rechenstrich zeichnen bzw. notieren

6 Minusaufgaben mit dem eigenen Rechenweg lösen

1 Löse die Aufgaben.
Stelle deine Rechenschritte am Rechenstrich dar und schreibe sie auf.

a)

728 – 350 = ☐

728 – ☐ = ☐

☐ – ☐ = ☐

b)

847 – 580 = ☐

☐ – ☐ = ☐

☐ – ☐ = ☐

c)

963 – 480 = ☐

☐ – ☐ = ☐

☐ – ☐ = ☐

d)

423 – 270 = ☐

☐ – ☐ = ☐

☐ – ☐ = ☐

2 Löse die Aufgaben.
Stelle deine Rechenschritte am Rechenstrich dar und schreibe sie auf.

a)

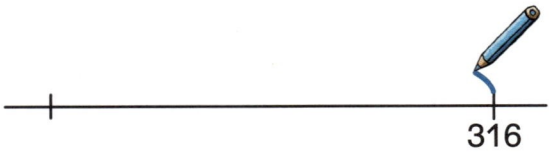

316 – 167 = ☐

☐ – ☐ = ☐

☐ – ☐ = ☐

☐ – ☐ = ☐

b)

826 – 458 = ☐

☐ – ☐ = ☐

☐ – ☐ = ☐

☐ – ☐ = ☐

✶ den eigenen Rechenweg beim Lösen von Aufgaben anwenden, am Rechenstrich zeichnen und notieren

6 Den eigenen Rechenweg bei Minusaufgaben anwenden

1 Löse die Aufgaben. Rechne mit deinen Rechenschritten im Kopf.
Kontrolliere die Ergebnisse. Die Lösungszahlen findest du in den Sternen.

a)
523 – 60 = 463
257 – 80 = ☐
708 – 30 = ☐

b)
360 – 74 = ☐
940 – 82 = ☐
620 – 56 = ☐

c)
247 – 65 = ☐
628 – 83 = ☐
161 – 96 = ☐

65 | 177 | 182 | 286 | ~~463~~ | 545 | 564 | 678 | 858

2 Löse die Aufgaben. Rechne mit deinen Rechenschritten im Kopf.
Kontrolliere die Ergebnisse. Die Lösungszahlen findest du in den Sternen.

a)
560 – 180 = 380
440 – 290 = ☐
720 – 460 = ☐

b)
927 – 640 = ☐
638 – 350 = ☐
341 – 280 = ☐

c)
1000 – 530 = ☐
1000 – 371 = ☐
1000 – 827 = ☐

61 | 150 | 173 | 260 | 287 | 288 | ~~380~~ | 470 | 629

3 Löse die Aufgaben und setze die Aufgabenreihen fort.

a)
773 – 280 = 493
763 – 270 = ☐
753 – 260 = ☐
☐ – ☐ = ☐
☐ – ☐ = ☐

b)
844 – 650 = ☐
854 – 660 = ☐
864 – 670 = ☐
☐ – ☐ = ☐
☐ – ☐ = ☐

4 Beschreibt, wie sich bei den Aufgabenreihen in Aufgabe 3 die erste Zahl, die zweite Zahl und das Ergebnis verändern.

Seite 55 Aufgabe 4
a) Die erste Zahl ...
...

5 Bilde selbst eine Aufgabenreihe.
Bitte ein anderes Kind, diese fortzusetzen.

Seite 55 Aufgabe 5
...

★ Aufgaben mit den eigenen Rechenschritten im Kopf lösen, Ergebnisse kontrollieren
★ **MK/SF:** Aufgabenreihen fortsetzen und lösen, Struktur erkennen und beschreiben
★ selbst eine Aufgabenreihe bilden

7 Mit der Umkehraufgabe Ergebnisse kontrollieren

*Ich kontrolliere mit der **Umkehraufgabe**.*

262 + 180 = 442,
denn
442 – 180 = 262

623 – 250 = 373,
denn
373 + 250 = 623

1 Schreibe Aufgabe und Umkehraufgabe mit Ergebnis auf.

a)

630 $\xrightarrow{+\,250}$ ☐ $\xrightarrow{-\,250}$

630	+	250	=	880
880	–	250	=	630

432 $\xrightarrow{+\,340}$ ☐ $\xrightarrow{-\,340}$

	+		=	
	–		=	

b)

490 $\xrightarrow{-\,260}$ ☐ $\xrightarrow{+\,260}$

	–		=	
	+		=	

365 $\xrightarrow{-\,250}$ ☐ $\xrightarrow{+\,250}$

	–		=	
	+		=	

2 Löse die Aufgaben. Kontrolliere jedes Ergebnis mit der Umkehraufgabe.

a)

480 + 260 = 740,
denn

740	–	260	=	480

336 + 550 = ☐,
denn

	–		=	

b)

530 – 180 = ☐,
denn

	+		=	

791 – 430 = ☐,
denn

	+		=	

c)

365 + 270 = ☐,
denn

	○		=	

912 – 350 = ☐,
denn

	○		=	

★ Aufgaben und Umkehraufgaben ablesen und lösen
★ Additions- und Subtraktionsaufgaben lösen und Ergebnisse mithilfe der Umkehraufgabe kontrollieren

580 + ■ = 720

Ich ergänze zum nächsten Hunderter und dann weiter.

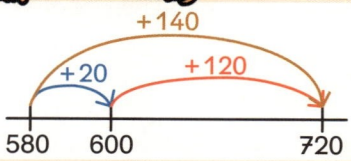

580 + 140 = 720

810 – ■ = 650

Ich rechne zum nächsten Hunderter und dann weiter.

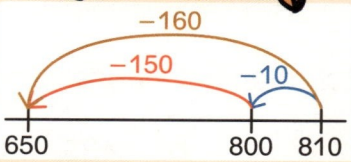

810 – 160 = 650

Ich nutze die Umkehraufgabe und ergänze.

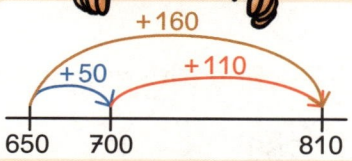

810 – 160 = 650

1 Löse die Aufgaben mit deinem Weg.
Stelle deine Rechenschritte am Rechenstrich dar.

a)

240 + ☐ = 430

b)

460 + ☐ = 817

c)

530 – ☐ = 160

d)

652 – ☐ = 480

e)

494 + ☐ = 750

f)

520 – ☐ = 285

★ Rechenschritte nachvollziehen und anwenden
★ Platzhalteraufgaben lösen, Rechenschritte am Rechenstrich darstellen

7 Rechenvorteile anwenden – geschickt rechnen mit Hundertern

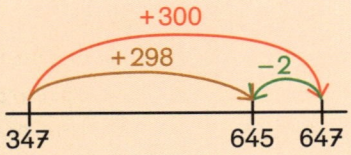

347 + 298 = 645

347 + 300 = 647
647 − 2 = 645

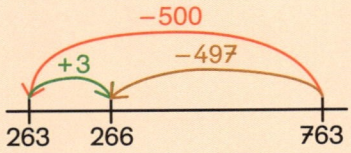

763 − 497 = 266

763 − 500 = 263
263 + 3 = 266

1 Rechne Plusaufgaben in Schritten mit Hunderterzahlen.

a) 268 + 197 = ☐

268 + 200 = 468
468 − 3 = 465

b) 435 + 299 = ☐

☐ + ☐ = ☐
☐ − ☐ = ☐

c) 225 + 298 = ☐

☐ + ☐ = ☐
☐ − ☐ = ☐

d) 645 + 199 = ☐

☐ + ☐ = ☐
☐ − ☐ = ☐

2 Rechne Minusaufgaben in Schritten mit Hunderterzahlen.

a) 664 − 398 = ☐

664 − 400 = 264
264 + 2 = 266

b) 725 − 598 = ☐

☐ − ☐ = ☐
☐ + ☐ = ☐

c) 852 − 297 = ☐

☐ − ☐ = ☐
☐ + ☐ = ☐

d) 615 − 599 = ☐

☐ − ☐ = ☐
☐ + ☐ = ☐

3 Rechne in Schritten mit Hunderterzahlen.

a) 128 + 297 = ☐

☐ ○ ☐ = ☐
☐ ○ ☐ = ☐

b) 563 − 298 = ☐

☐ ○ ☐ = ☐
☐ ○ ☐ = ☐

★ Rechenschritte nachvollziehen und anwenden
★ Rechenvorteile erkennen, verstehen und anwenden

7 Rechenvorteile anwenden – geschickt rechnen mit Zehnern

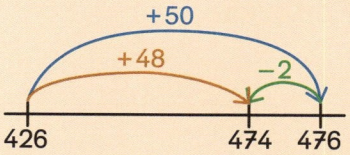

426 + 48 = 474

426 + 50 = 476

476 − 2 = 474

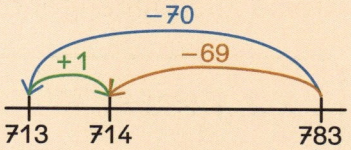

783 − 69 = 714

783 − 70 = 713

713 + 1 = 714

1 Rechne Plusaufgaben in Schritten mit Zehnerzahlen.

a) 248 + 39 = ☐

248 + 40 = 288

288 − 1 = 287

b) 467 + 28 = ☐

☐ + ☐ = ☐

☐ − ☐ = ☐

c) 395 + 37 = ☐

☐ + ☐ = ☐

☐ − ☐ = ☐

d) 636 + 59 = ☐

☐ + ☐ = ☐

☐ − ☐ = ☐

2 Rechne Minusaufgaben in Schritten mit Zehnerzahlen.

a) 487 − 49 = ☐

487 − 50 = 437

437 + 1 = 438

b) 578 − 59 = ☐

☐ − ☐ = ☐

☐ + ☐ = ☐

c) 326 − 58 = ☐

☐ − ☐ = ☐

☐ + ☐ = ☐

d) 527 − 78 = ☐

☐ − ☐ = ☐

☐ + ☐ = ☐

3 Rechne in Schritten mit Zehnerzahlen.

a) 874 + 68 = ☐

☐ ○ ☐ = ☐

☐ ○ ☐ = ☐

b) 732 − 79 = ☐

☐ ○ ☐ = ☐

☐ ○ ☐ = ☐

7 Plus- und Minusaufgaben üben

1 Löse zuerst die Plusaufgabe. Finde die passende Umkehraufgabe und löse sie. Kreise zusammengehörige Kärtchen in der gleichen Farbe ein.

345 + 230 = 575	626 – 350 = ☐
537 + 380 = ☐	836 – 440 = ☐
276 + 350 = ☐	575 – 230 = 345
396 + 440 = ☐	917 – 380 = ☐

2 Löse die Platzhalteraufgaben.

a)

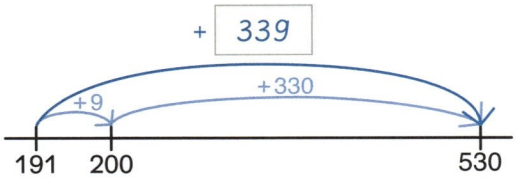

191 + ☐ = 530

b)

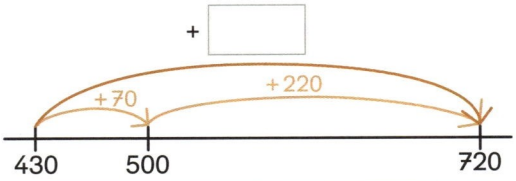

430 + ☐ = 720

c)

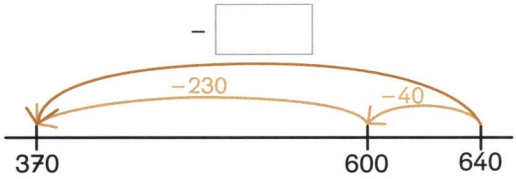

640 – ☐ = 370

d)

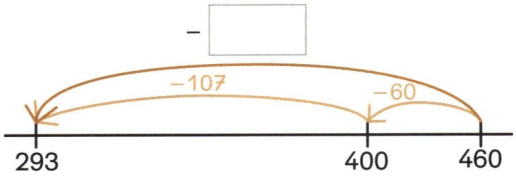

460 – ☐ = 293

3 Rechne geschickt. Schreibe deine Rechenschritte auf.

a) 357 + 298 = ☐

☐ + ☐ = ☐

☐ – ☐ = ☐

b) 713 – 195 = ☐

☐ – ☐ = ☐

☐ + ☐ = ☐

★ Additionsaufgaben lösen, Umkehraufgaben zuordnen ★ bei Platzhalteraufgaben die zu ergänzende Zahl identifizieren ★ Aufgaben geschickt lösen, Rechenweg notieren

1 Finde die passende Aufgabe und löse sie.

2 Verbinde die passenden Kärtchen.
Löse die Aufgaben.

340 + 580 = ☐

Subtrahiere 340 von 580.

☐ – 340 = 580

Addiere 340 und 580.

Wenn du von deiner Zahl 340 subtrahierst, erhältst du 580.

580 – 340 = ☐

Wenn du zu deiner Zahl 340 addierst, erhältst du 580.

☐ + 340 = 580

★ SF: Begriffe „addieren", „subtrahieren", „Summe" und „Differenz" kennenlernen
★ SF: Fachbegriffe bei der Lösung von Zahlenrätseln anwenden

1 Löse die Zahlenrätsel.
Schreibe deine Rechenschritte auf oder stelle sie am Rechenstrich dar.

Meine Zahl erhältst du, wenn du die Differenz von 725 und 250 bildest.

Meine Zahl erhältst du, wenn du 120 und 396 addierst und dann 236 subtrahierst.

Meine Zahl erhältst du, wenn du die Summe aus 567 und 123 bildest.

Wenn ich zu meiner Zahl 720 addiere, erhalte ich 1000.

Wenn ich von meiner Zahl 270 subtrahiere, erhalte ich 330.

Seite 62 Aufgabe 1
Maja: ...

2 Löse die Aufgaben. Ergänze den Text zur Rechnung.
Verwende die Fachbegriffe.

a) 282 + 160 = ☐

_____ 282 und 160.

Die _____ ist ☐.

b) 325 – 150 = ☐

_____ 150 von 325.

Die _____ ist ☐.

3 Erfinde selbst Zahlenrätsel.
Stelle sie in der Klasse vor.

Seite 62 Aufgabe 3
...

addieren | *subtrahieren* | *Summe* | *Differenz*

★ SF: Zahlenrätsel lösen und Rechenschritte darstellen ★ SF: Fachbegriffe beim Ergänzen von Zahlenrätseln anwenden ★ SF: eigene Zahlenrätsel unter Anwendung der Fachbegriffe erfinden und präsentieren

Einstern 3 leicht gemacht

Themenheft 1

- Die Zahlen bis 1000
- Addition und Subtraktion im Zahlenraum bis 1000
- Achsensymmetrie

Erarbeitet von: Roland Bauer und Jutta Maurach
Redaktion: Agnetha Heidtmann, Friederike Thomas, Sophie Yurdakul
Illustration: Yo Rühmer
Umschlaggestaltung: Cornelia Gründer, agentur corngreen, Leipzig
Layout: lernsatz.de
technische Umsetzung: Reemers Publishing Services GmbH

Begleitmaterialien für Lernende der dritten Klasse

Einstern 3 Paket Verbrauchsmaterial	978-3-06-084736-5
Einstern 3 Paket *leicht gemacht* Verbrauchsmaterial	978-3-06-084742-6
Einstern 3 Arbeitsheft	978-3-06-084759-4
Einstern 3 Übungssternchen	978-3-06-084733-4
Einstern 3 BuchTaucher-App	978-3-06-084764-8
Einstern 3 interaktive Übungen	978-3-06-084769-3

www.cornelsen.de

1. Auflage, 1. Druck 2022

Alle Drucke dieser Auflage sind inhaltlich unverändert und können im Unterricht nebeneinander verwendet werden.

© 2022 Cornelsen Verlag GmbH, Berlin

Das Werk und seine Teile sind urheberrechtlich geschützt. Jede Nutzung in anderen als den gesetzlich zugelassenen Fällen bedarf der vorherigen schriftlichen Einwilligung des Verlages. Hinweis zu §§ 60 a, 60 b UrhG: Weder das Werk noch seine Teile dürfen ohne eine solche Einwilligung an Schulen oder in Unterrichts- und Lehrmedien (§ 60 b Abs. 3 UrhG) vervielfältigt, insbesondere kopiert oder eingescannt, verbreitet oder in ein Netzwerk eingestellt oder sonst öffentlich zugänglich gemacht oder wiedergegeben werden. Dies gilt auch für Intranets von Schulen.

Druck: Athesiadruck GmbH

ISBN 978-3-06-084723-5

PEFC
PEFC/18-31-166

PEFC zertifiziert
Dieses Produkt stammt aus nachhaltig bewirtschafteten Wäldern und kontrollierten Quellen.

www.pefc.de

Vorschläge für Plenumsphasen zum vertiefenden Erwerb prozessbezogener Kompetenzen

S. 4	Kinder stellen Beispiele für große Zahlen in ihrer Umgebung vor und beschreiben, was sie bedeuten
S. 6	Kinder erkennen und beschreiben Zusammenhänge zwischen einzelnen Teilen des Mehrsystemmaterials (Würfeln, Stangen, Platten und Block)
S. 10	Kinder beschreiben mathematische Beziehungen und Zusammenhänge in der Stellentafel
S. 12	Kinder stellen ihre Vorgehensweise beim Schätzen vor, vergleichen und bewerten diese
S. 14	Kinder beschreiben den Aufbau und die Strukturen in der Tausendertafel
S. 28/32	Kinder beschreiben ihr Vorgehen beim Legen und Rechnen der Aufgaben in Schritten
S. 39	Kinder beschreiben ihre Erfahrungen mit dem Doppelspiegel in Abhängigkeit von der Position der beiden Spiegel
S. 40	Kinder beschreiben die Eigenschaft „achsensymmetrisch" an ausgewählten Beispielen
S. 45/51	Kinder stellen ihre Rechenwege vor; sie vergleichen ihre Beschreibungen und benennen Kriterien guter Beschreibungen
S. 46/52	Kinder beschreiben an Beispielen ihre Rechenschritte und vergleichen unterschiedliche Vorgehensweisen
S. 58/59	Kinder beschreiben, vergleichen und bewerten unterschiedliche Rechenvorteile
S. 62	Kinder stellen ihre selbst erfundenen Zahlenrätsel vor und überprüfen diese auf Plausibilität

Vorschläge für die Förderung von Medienkompetenz

S. 10	Kinder erstellen am PC mithilfe der Tabellenfunktion in einem Schreibprogramm eine eigene Stellentafel und speichern diese; sie drucken die Stellentafel aus und legen und verändern dort Zahlen mit Beilagenplättchen
S. 11	Kinder legen und verändern an der eigenen digitalen Stellentafel Zahlen mithilfe der Zeichenfunktion im Schreibprogramm
S. 17/61/62	Kinder erstellen eine (digitale) Sammlung/ein Buch für die Klasse mit selbst verfassten Zahlenrätseln
S. 24	Kinder suchen dreistellige Zahlen auf verschiedenen Tastaturen
S. 41/42	Kinder recherchieren im Internet nach Möglichkeiten, an Figuren Symmetrieachsen einzuzeichnen und Figuren symmetrisch zu ergänzen, und nutzen diese Tools
S. 61	Kinder erstellen eine Merktafel zu Fachbegriffen der Addition und Subtraktion

Synopse zu den Medienkompetenzbereichen

Suchen, Verarbeiten und Aufbewahren	S. 4, 10, 11, 17, 24, 36, 37, 61, 62
Produzieren und Präsentieren	S. 4, 10, 17, 61, 62
Problemlösen und Handeln	S. 11, 23, 27, 31, 35, 41, 42, 44, 45, 49, 50, 51, 55